100% MARRAKESCH

SPAZIERGANG 1: NÖRDLICHE MEDINA

Diesen Teil der Medina muss man gesehen haben. Mit dem berühmten Platz Djemaa el Fna und den farbenfrohen Souks ist dieser Bereich das Herz der Altstadt. Man kann stundenlang durch Gassen schlendern, Läden mit marokkanischem Handwerk besuchen und lokale Köstlichkeiten auf dem quirligen Platz genießen.

SPAZIERGANG 2: NEUSTADT

Einen Einblick in das moderne Marokko bekommt man in der Neustadt, die viel später als die Medina gebaut wurde. Hier liegen die beliebten Cafés, schicken Restaurants und modischen Geschäfte. Auch das Nachtleben spielt sich hier ab. Guéliz, ursprünglich das Geschäftsviertel der Neustadt, verwandelt sich am Wochenende in einen viel besuchten Treffpunkt für Jung und Alt.

SPAZIERGANG 3: SÜDLICHE MEDINA

In der südlichen Medina kann man die Kulturgeschichte Marrakeschs entdecken. Hier befinden sich alte Paläste, einige interssante Museen und die Mellah, das alte jüdische Viertel. In den kleinen Lokalen gibt es leckeres Essen. Bei einem Spaziergang durch die Gassen bekommt man einen guten Eindruck vom Alltag in der Stadt.

100% MARRAKESCH

In Marrakesch gibt es so viel zu erleben – doch wo fängt man am besten an? Der Platz Djemaa el Fna ist ein Muss. Man kann Schlangenbeschwörer und Akrobaten bestaunen, Musikanten und Geschichtenerzählern zuhören, sich die Hände mit Henna bemalen lassen und die köstliche *harira* (Linsensuppe) probieren. Shoppingmöglichkeiten gibt es in der Medina, Kultur in den alten Palästen und Nachtleben in einem der neuesten Clubs. Man sollte auf jeden Fall in einem stilvollen Restaurant in der Neustadt essen und zwischen den Stadtbewohnern Abkühlung in einem Park suchen. Marrakesch ist ein echtes Erlebnis. 100% Marrakesch zeigt Ihnen ganz genau, was Sie auf keinen Fall verpassen sollten. Sightseeing & Shopping, Ausgehen & Abenteuer – die übersichtlichen Stadtpläne weisen Ihnen den Weg.

AUF 3 SPAZIERGÄNGEN 100% MARRAKESCH ERLEBEN

Inhalt

100 % übersichtlich

Erleben Sie 100% Marrakesch auf drei Spaziergängen. Jedes Kapitel im 100%
Cityguide ist einem Spaziergang gewidmet. Am Kapitelende gibt es eine Karte
mit der Kurzbeschreibung des Spaziergangs. Auf der Karte in der vorderen
Umschlagklappe sehen Sie die drei Kartenausschnitte im Überblick. Dort finden
Sie anhand der Buchstaben Ⓐ bis Ⓩ alle Hotels sowie die Sehenswürdig-
keiten und Ausgehtipps, die nicht auf einem der Spaziergänge liegen.

In den drei Kapiteln beschreiben wir ausführlich, welche Sehenswürdigkeiten
Sie auf den Spaziergängen entdecken können und wo man gut essen, trinken,
shoppen, feiern und relaxen kann. Alle Adressen sind mit einer Nummer ①
gekennzeichnet, die Sie im Stadtteilplan am Ende des Kapitels wiederfinden.
An der Farbgebung der Nummer können Sie erkennen, zu welcher Kategorie
die jeweilige Adresse gehört:

🟡 Sehenswürdigkeiten   🔴 Shoppen
🔴 Essen & Trinken   ⚪ 100% there

DREI SPAZIERGÄNGE

Zu jedem Kapitel gehört ein Spaziergang, der – ohne Besuch der genannten
Adressen – ungefähr drei Stunden dauert. Die Länge der Strecke (in km)
finden Sie über der Wegbeschreibung und auf den einzelnen Stadtteilplänen
sehen Sie den genauen Verlauf der Route. Die Beschreibung neben dem
Stadtplan führt Sie entlang der Sehenswürdigkeiten zu den schönsten
Adressen. So entdecken Sie fast nebenbei die besten Shopping-
Gelegenheiten, die nettesten Restaurants und die angesagtesten Cafés und
Bars. Wer irgendwann keine Lust mehr hat, der Route zu folgen, kann
aufgrund der ausführlichen Tipps und Pläne auch wunderbar auf eigene
Faust Entdeckungen machen.

PREISANGABEN BEI HOTELS UND RESTAURANTS

Um Ihnen eine Vorstellung von den Preisen in den Hotels und Restaurants zu
geben, finden Sie bei den Anschriften stets auch die Preise. Die Angaben für

Hotels beziehen sich auf ein Doppelzimmer mit Frühstück pro Nacht (Nebensaison, Juli & August), es sei denn, es ist etwas anderes angegeben. Die meisten Riads passen ihre Preise der Saison an. In der Hochsaison (Herbst- und Weihnachtsferien sowie Frühjahr) zahlt man garantiert einiges mehr. Die Angaben für die Restaurants nennen – wenn nicht anders verzeichnet – den Durchschnittspreis eines Hauptgerichts.

MAROKKANISCHE (ESS-)GEWOHNHEITEN

Wer die köstlichen Gerichte mit den ausgefallenen Geschmackskombinationen nicht probiert, verpasst etwas. Couscous ist die bekannteste Beilage, doch die vielen Tajines sind ebenfalls ein Hochgenuss. Diese Schmortopfgerichte gehören zum Alltag der meisten Marokkaner. Es gibt sie fast überall und in zahllosen Varianten.

Die Marokkaner essen am liebsten zu Hause. Die gemeinsame Mahlzeit ist ein sozialer Fixpunkt am Tag. Am frühen Nachmittag wird die Hauptmahlzeit eingenommen. Nach einem Tee am Nachmittag folgt später am Abend oft noch ein leichteres warmes Gericht. Gastfreundschaft wird großgeschrieben, es kann daher gut sein, dass man zum Essen eingeladen wird. Das sollte man nicht ausschlagen, denn nirgends schmeckt es so gut wie bei den Marokkanern zu Hause. Gewöhnlich isst man mit der (rechten) Hand.

Marokko ist ein, wenn auch gemäßigtes, islamisches Land. Während des Fastenmonats Ramadan wird tagsüber weder gegessen noch getrunken. Viele Cafés und Restaurants haben für Touristen geöffnet, doch es gibt keinen Alkohol. Man sollte (vor allem) in dieser Zeit keine allzu freizügige Kleidung tragen.

In Restaurants gibt man beim Essen normalerweise ein Trinkgeld von 5 bis 10 Prozent. Bei Getränken wird der Preis aufgerundet.

DER LEBENSRHYTHMUS

Die beste Zeit für einen Marrakesch-Besuch ist von Oktober bis Mai. In den Sommermonaten kann es sehr heiß werden, die Temperaturen erreichen leicht 45 Grad. Wegen der Hitze liegt um die Mittagszeit alles still, doch gegen 17 Uhr kommt das Leben wieder in Gang. Dann verlassen die Einheimischen das Haus und brechen zum Arbeiten, Einkaufen oder zu einem Spaziergang auf. Bis circa 21 Uhr ist auf der Straße meistens viel los.

In den Sommermonaten wird es, gerade in den touristischen Gegenden, erst gegen Mitternacht etwas ruhiger. Am Sonntag ist Ruhetag. Während des Ramadans sind die Straßen zwar stiller, doch sie füllen sich nach dem Fastenbrechen (nach Sonnenuntergang) wieder.

GUT ZU WISSEN

Manchmal kommt es vor, dass man in der Medina von Marrokanern angesprochen wird, die einem angeblich den richtigen Weg zeigen oder mitteilen wollen, dass eine Straße „gesperrt" ist. Falls Sie nicht darum gebeten haben, setzten Sie Ihren Weg einfach fort. Bedanken Sie sich freundlich, aber bestimmt, gehen Sie nicht mit ihnen mit und bezahlen Sie auch nichts.

ÖFFNUNGSZEITEN DER GESCHÄFTE UND MÄRKTE

In Marrakesch hat immer irgendwo ein Geschäft geöffnet. In den meisten Supermärkten (Marjane, Acima, Aswak Assalam) kann man täglich bis etwa 21 Uhr einkaufen. Es gibt auch viele kleine Läden, in denen die wichtigsten Lebensmittel erhältlich sind. Sie schließen meistens während der Mittagszeit, sind dann aber teilweise bis Mitternacht offen. Alkohol gibt es nur im Supermarkt oder bei Spirituosenhändlern mit einer speziellen Genehmigung. In Geschäften wird ab 20 Uhr kein Alkohol mehr verkauft. Bitte beachten: Die Öffnungszeiten vieler Läden sind recht flexibel. In der Neustadt haben die meisten Geschäfte sonntags geschlossen, doch in der Medina kann man jeden Tag shoppen.

NATIONALE FEIERTAGE

Ramadan: der jährliche Fastenmonat der Muslime. Die Periode variiert von Jahr zu Jahr und verschiebt sich stets etwas nach vorne. Man muss damit rechnen, dass Geschäfte, Restaurants und Sehenswürdigkeiten während des Ramadans andere Öffnungszeiten haben oder womöglich ganz geschlossen sind.

Zuckerfest (Eid al Fitr): Feier zum Ende des Ramadans.

Opferfest (Eid al Kabir): Gedenken an den Propheten Abraham, der bereit war, seinen Sohn im Auftrag Allahs zu opfern. Das Fest wird am zehnten Tag des Monats gefeiert, in dem der Hadsch (die Wallfahrt nach Mekka) stattfindet, siebzig Tage nach dem Ende des Ramadans.

1. Januar	Neujahr
1. Mai	Tag der Arbeit
23. Mai	Nationalfeiertag
30. Juli	Feier der Thronbesteigung (höchster Feiertag, mit Feuerwerk)
21. August	Geburtstag des Königs und Tag der Jugend
18. November	Unabhängigkeitstag

FESTIVALS & EVENTS

Mai	Internationales Theaterfestival
Juni/Juli	Folklorefestival im El-Badi-Palast
August	Festival junger Gnawa-Musiker
September	Folkmusik-Festival
Oktober	Jazzfestival
Ende des Jahres	Internationales Filmfestival

HABEN SIE NOCH TIPPS?

Wir haben diesen Reiseführer mit großer Sorgfalt zusammengestellt. Da das Angebot an Geschäften und Restaurants in Marrakesch jedoch regelmäßig wechselt, kann es sein, dass eine Empfehlung nicht mehr existiert. Besuchen Sie in diesem Fall oder wenn Sie andere Anmerkungen zu 100% Marrakesch haben, unsere Webseite *www.100travel.de/marrakesch* oder schreiben Sie uns an *info@momedia.com*. Wir freuen uns über Hinweise, neue Tipps und natürlich auch Fotos. Posten Sie diese gerne auf unserer facebook fanpage: *facebook.com/100travel*.

Last but not least möchten wir noch bemerken, dass keine der vorgestellten Adressen für ihre Erwähnung bezahlt hat, weder für den Text noch für die Fotos. Alle Texte wurden von einer unabhängigen Redaktion geschrieben.

Hotels

In einem traditionellen Riad in der Medina schläft man wie in einem Märchen aus Tausendundeiner Nacht. Riads sind Häuser mit einer ganz eigenen Atmosphäre. Sie haben durchschnittlich fünf Zimmer und einen Innenhof. Viele von ihnen wurden zu Gästeunterkünften umgebaut. Das Besondere an diesen Häusern ist, dass man aus der quirligen Medina direkt in die Stille des Riads tritt. Marrakesch zählt Hunderte von Riads, es gibt also genügend Auswahl. Unsere Favoriten, von denen wir hier einige aufzählen, liegen alle im Umkreis des Djemaa el Fna. Weitere Hotelempfehlungen finden Sie auch unter *www.100travel.de/marrakesch*.

GÜNSTIGE PREISKLASSE

(A) **Riad Aïcha** bietet eine Oase der Ruhe inmitten der lebhaften Medina und ist nur eine Viertelstunde zu Fuß vom Platz Djemaa El Fna entfernt. Die sechs farbenfrohen Zimmer sind im marokkanischen Stil eingerichtet und mit einer Klimaanlage ausgestattet. Auf der Dachterrasse steht ein Berberzelt und es gibt auch ein kleines Hammam. Im Riad können Sie nicht nur frühstücken, sondern auch ein wunderbares marokkanisches Zwei-Gänge-Menü genießen. Der niederländische Inhaber Loek hat immer gerne einen Tipp oder Ratschlag für Sie. Ein Riad, in dem Preis und Qualität stimmen.~
204 derb yamna bouzid, www.ryadaicha.com, telefon: 0524 383999, preis: ab 500dh

(B) Im **Riad Azalia** genießt man das Frühstück auf dem begrünten Dach. Mit den köstlichen marokkanischen Pfannkuchen (msmen) ist jeder Morgen ein Fest. Die Zimmer sind angenehm kühl und zudem geschmackvoll eingerichtet.
66 derb jamaa, rue riad zitoun el kedim, www.riadazalia-marrakech.com, telefon: 0524 390578, preis: ab 550 dh

(C) Der **Riad Le Coq Fou** wird von einem italienischen Paar geleitet. Die fröhliche Einrichtung ist jedoch eher französisch angehaucht, vom Dachgarten hat man einen erstklassigen Blick über die Stadt.
44 derb assabanne, telefon: 0524 389839, preis: ab 550 dh

RIAD AZALIA Ⓑ

ⓙ DAR JUSTO

MITTLERE PREISKLASSE

ⓓ Der Innenhof des kleinen **Riads Noor Charana** mit seinen großen Pflanzen verströmt koloniales Flair. Das Haus ist nicht besonders groß und ideal für Gäste, die Ruhe suchen.

31 derb el kebir, ben saleh, www.noorcharana.com, telefon: 0622 332663, preis: ab 700 dh

(E) Die schlichte Einrichtung und die hellen Erdtöne verleihen dem **Riad Asala** eine angenehme Atmosphäre. Für das Interieur wurde schönes traditionelles Handwerk aus der Medina verwendet, das zusammen mit den hohen Türen für ein typisch arabisches Flair sorgt. Die Kamine wärmen an kühleren Winterabenden. Wer gerade keine Lust hat, in die Medina zu gehen, kann sich in dem traditionellen Berberzelt entspannen oder im Pool erfrischen.
8 derb ouaihah, sidi abdel aziz, telefon: 0524 383707, preis: ab 770 dh

(F) Der **Riad Alida** zählt sieben Zimmer, die mit schönen traditionellen Handwerksarbeiten eingerichtet sind, aber auch TV und Klimaanlage bieten. Auf dem begrünten Dach kann man herrlich frühstücken.
7 derb sidi ali tair, dar el bacha, www.riadalida.com, telefon: 0524 375822, preis: ab 770 dh

(G) Der **Riad Samsli** ist sehr außergewöhnlich, weil für ihn zwei Häuser zusammengelegt wurden. So entstand Platz für zwei Patios, verschiedene stilvolle Salons, einen kleinen Pool und sogar einen Hamam. Im besonders großen Dachgarten werden frischer Saft und Pfefferminztee serviert. Die Unterkunft ist so schön, dass man fast vergisst, die Stadt zu erkunden.
24 derb jdid, rue riad zitoun el kedim, www.riadsamsli.com, telefon: 0661 265430, preis: ab 700 dh

(H) Im **Riad Chambres d'Amis** sind die Zimmer nicht in Dunkelrot und Schwarz, sondern in frischem Weiß und fröhlichen Tönen gehalten. Natürlich gibt es – wie bei vielen Riads – auch hier einen herrlichen Dachgarten: perfekt, um nach einem Gang durch die Medina und die Souks bei einem Drink zu entspannen. Der Eigentümer tut alles für das Wohl seiner Gäste und gibt gerne Tipps für Entdeckungstouren durch die Stadt. Der Riad hat nur fünf Zimmer und ist somit eine gemütliche, kleine Unterkunft. Praktisch, wenn man mit Kindern oder Freunden kommt.
46-47 derb moulay abdelkader, rue dabachi, www.chambresdamis.com, telefon: 0524 426965, preis: ab 935 dh

(I) Der **Riad ZamZam** liegt nicht weit vom Jardin Majorelle entfernt. Er wurde gründlich renoviert und umgebaut. In die Einrichtung hat man viel Mühe ge-steckt: Jedes Zimmer ist anders. Die englischen Inhaber informieren gern und organisieren zudem Ausflüge durch die Stadt. Im ZamZam kann man auch Mitbringsel aus der Medina kaufen.

107 rue kaa el machraa, www.riadzamzam.com, telefon: 0524 387214, preis: ab 1400 dh

(J) Am äußersten Ende einer Gasse findet man eine verborgene Perle. Im **Riad Dar Justo** verteilen sich verschiedene Salons auf 1000 m². Die geräumigen Zimmer und Suiten sind hell und sehr stimmungsvoll. In einem der fünf Innenhöfe oder auf der Dachterrasse lässt es sich wunderbar faulenzen, ebenso im Spa und im eigenen Hamam.

35 derb chorfa lakbir, mouassine, www.darjusto.com, telefon: 0524 426999, preis: ab 1458 dh

GEHOBENE PREISKLASSE

(K) Der **Riad Hayati** heißt seine Gäste in der südlichen Medina willkommen. Der Bahia-Palast liegt um die Ecke und der Place des Ferblantiers in direkter Nähe. Die frische Einrichtung, der Patio und der Pool bieten angenehme Abkühlung.

27 derb bouderba, riad zitoun el jdid, www.riadhayati.com, telefon: 00447770 431194, preis: ab 1950 dh

(L) Die Eigentümer des **Riad Siwan** haben drei Jahre in die Renovierung ihres Hauses gesteckt. Um den ursprünglichen Stil zu bewahren, wurden traditionelle Elemente wie handgeschnitzte Zederndecken verwendet. Auch bei der Ausstattung der sieben sehr geräumigen Zimmer legte man Wert auf marokkanische Details. Der Riad hat einen Dachgarten, ein Tauchbecken und – als echtes Highlight – einen borj (Turm). Dieser ist zugleich einer der höchsten Punkte der Medina.

28 zanka adika, riad zitoun el jdid, www.riadsiwan.com, telefon: 0661 158173, preis: ab 2128 dh

RIAD SIWAN Ⓛ

Unterwegs

Der Flughafen von Marrakesch, **Menara Airport**, liegt etwa sieben Kilometer außerhalb der Stadt. Er wird u.a. von Fluggesellschaften aus Berlin, Frankfurt, Düsseldorf, Köln-Bonn, Hamburg und München angeflogen. Mit dem Taxi ist man in 20 Minuten im Zentrum. Taxis vom und zum Flughafen kosten im Durchschnitt 150 Dirham, aber es gibt auch Busse. Wer von der Stadt zum Flughafen will, fragt am besten erst, wann der Bus kommt, da die Zeiten nicht angegeben sind. An der Haltestelle Place Djemaa el Fna kann man zusteigen. Eine einfache Fahrt kostet 20 Dirham.

Motorroller und Taxis sind die beliebtesten Verkehrsmittel in Marrakesch. Taxis kann man überall anhalten, sie sind nicht teuer. Es gibt *petits taxis* und *grands taxis*. Die beigen **petits taxis** sind winzige Fiats. Sie fahren nur innerhalb der Stadt und dürfen maximal drei Passagiere befördern. Ein paar Kilometer kosten rund 15 Dirham. Jedes Taxi hat einen Taxameter. Sollte er "kaputt" sein, handelt man am besten vorher einen Preis aus. Ab 20 Uhr ist es etwas teurer.

Die **grands taxis** fahren weitere Strecken sowie eine feste Route, sie können auf der Straße angehalten werden. Meistens ist ein *grand taxi* ein großer Mercedes, in dem maximal sechs Personen mitfahren dürfen. Ist das Auto voll, nimmt der Fahrer oft trotzdem noch jemanden mit. Der Preis für das *grand taxi* ändert sich je nach Fahrt. Es gibt Festpreise von einem Taxistand-platz aus (Bab Doukkala), dann richtet sich der Preis nach der Strecke (zum Beispiel 80 Dirham für eine einfache Fahrt nach Essaouira). Wem es zu eng ist, der kann für zwei Plätze zahlen. Wer über sein Riad ein Taxi bestellt (chartert), muss im Voraus über den Preis verhandeln. Man zahlt dann für mindestens sechs Plätze.

Vom Djemaa el Fna fahren **Busse** in alle Richtungen. Die Fahrpläne sind nicht immer verständlich, doch die Busse verkehren regelmäßig. Eine Fahrt innerhalb der Stadt kostet 3,50 Dirham. Wer weiter fährt, zahlt natürlich mehr, abhängig von der Strecke und vom Busunternehmen. Die Busse variieren in Preis und Qualität (zum Beispiel mit oder ohne Klimaanlage). Die beiden staatlichen Busbetriebe CTM und Supratours fahren normalerweise pünktlich. Es gibt eine Haltestelle am Bab Doukkala und am alten Bahnhof auf der Avenue Hassan II.

Wer schnell einen ersten Eindruck von der Stadt erhalten möchte, nimmt den **Touristenbus**. Er fährt alle 30 Minuten eine feste Strecke ab und braucht dafür anderthalb Stunden. Es gibt auch eine romantische Route von einer Stunde. Unterwegs kann man ein- und aussteigen, so oft man will. Eine Tageskarte kostet 130 Dirham. Die Touren gibt es auf Arabisch, Französisch, Englisch und Deutsch. Einsteigen kann man zum Beispiel am Djemaa el Fna.

Von Marrakesch führt ein **Zug** nach Norden. Die marokkanischen Züge sind bequem und nicht teuer. Abfahrtszeiten stehen auf *www.oncf.ma*. Der neue Bahnhof liegt an der Ecke Avenue Hassan II/Avenue Mohammed IV.

Nördliche Medina

Endloses Gewirr von Gassen

In der Medina von Marrakesch machen die Sinne Überstunden. Es gibt so viel zu sehen, dass man am ersten Tag wahrscheinlich kaum vorankommt. Man sollte sich Zeit nehmen und den typisch arabischen Markt genießen. Von handgemachten Teppichen über Taschen und marokkanische Pantoffeln (*babouches*) bis hin zu fein verzierten Holzarbeiten und Keramikwaren: In den Souks ist das alte Handwerk quicklebendig. Es gibt den Souk der Woll-färber (*teinturiers*), Sattler (*serrajine*), Zimmermänner (*nasserine*) und der Gerber (*tanneurs*).

Obwohl viele Gassen zum zentralen Platz führen, kann man leicht die Orientierung verlieren. Wer sich verlaufen hat, fragt freundlich nach *la place*. Es gibt immer ein paar Jungs, die einem Touristen für ein paar Dirham den Weg zeigen. Wenn die Straße, die man nehmen möchte, angeblich "gesperrt" ist, sollte man sich nicht hereinlegen lassen. Meistens ist es ein Trick der Jungs, um etwas Geld zu ergattern.

1

Der Djemaa el Fna ist unvergleichlich. Schon seit seinen Anfangstagen vor gut 1000 Jahren hat der Platz eine Funktion als Knotenpunkt zwischen Ost und West sowie als Warenumschlagplatz für Karawanen aus ganz Afrika. Der Handel zog wiederum Musikanten und Geschichtenerzähler an. Noch immer kommt hier eine bunte Mischung von Künstlern und Gauklern zusammen.

Auch Kunst- und Kulturliebhaber kommen in der Medina auf ihre Kosten. Das Musée de Marrakech und einige Galerien zeigen moderne Kunst. Wirk-lich beeindruckend sind allerdings die alten Paläste. Die berühmte *madrasa* (Koranschule) Ben Youssef, in der früher bis zu 800 Schüler lebten und lernten, liegt in einer Gasse hinter einer Mauer versteckt. So wie hier ist es bei den meisten Gebäuden und Riads in der Medina: Sie wirken klein, doch hinter den Fassaden verbergen sich prachtvolle Häuser. Man sollte versuchen, einen Riad zu besichtigen oder sogar darin zu übernachten. Die typischen Häuser mit Innenhof dienen heute oft als Bed & Breakfast.

6 Insider-Tipps

Djemaa EL Fna

Sich von
Straßenkünstlern
verzaubern lassen.

Patisserie Chez Brahim

Marokkanische *cornes
de gazelle* probieren.

Gerbereien

Mehr über uraltes
Handwerk erfahren.

Gemüsemarkt

Zwischen Einheimischen
auf dem Sidi-Ishak-Platz
einkaufen.

Madrasa Ben Youssef

Die alte
Koranschule besuchen.

Akbar Delights

In den alten Souks
Design einkaufen.

○ **Sehenswürdigkeiten**   ○ **Essen & Trinken**
○ **Shoppen**   **100% there**

Sehenswürdigkeiten

(1) Der **Djemaa el Fna** ist einer der ältesten und berühmtesten Marktplätze Nordafrikas. Sobald es Abend wird, erscheinen die Geschichtenerzähler, Musikanten und Schlangenbeschwörer. Die Luft füllt sich mit Rauchschwaden und Essensdüften. Probieren Sie eine Schale *harira* (Linsensuppe) oder ein Stück Schafskopf. Dieser Treffpunkt zwischen Ost und West ist nicht nur bei Touristen beliebt, sondern auch bei Einheimischen. Bis Mitternacht – und im Sommer noch länger – herrscht hier ein fröhliches Treiben.
djemaa el fna

(7) Der **Rahba Kedima**, der "alte Platz", ist ein wichtiger Mittelpunkt der Medina. Kaum zu glauben, dass sich hier früher der Sklavenmarkt befand. Heute haben sich Gewürz- und Kräutergeschäfte angesiedelt, in denen man alles für die Körperpflege bekommt, zum Beispiel schwarze Hamamseife und Arganöl. In einer solchen *pharmacie berbère*, wo es für jedes Zipperlein ein Mittel gibt, erhält man auch fachkundige Auskunft. Mitten auf dem Platz verkaufen alte Frauen selbst gestrickte bunte Mützen für nur 10 Dirham. Eine gute Anschaffung für kalte Wintertage daheim.
rahba kedima

(12) Um zu den **Gerbereien** von Marrakesch zu gelangen, folgt man am besten seiner Nase. Sie sind nicht so groß wie in Fès, aber mindestens so eindrucksvoll. Links und rechts der Straße liegen Gerbereien, die immer noch in Betrieb sind. Ein Führer geht voran und erklärt auf der Dachterrasse den Produktionsprozess. Dass man danach – welch Zufall – in einem der Lederwaren-Geschäfte landet, ist fast unvermeidlich.
rue bab debbagh, geöffnet: täglich von morgens früh bis zum frühen nach-
mittag, preis: 20 dh trinkgeld für den führer

(13) Die Gerber üben einen jahrhundertealten Beruf aus, wie der Name des Stadttors aus dem Jahr 1147 beweist. Es liegt in der Nähe der Gerbereien und heißt **Bab Debbagh**, was "Tor der Gerber" bedeutet. Marrakesch ist von einer Stadtmauer von 19 km Länge und 6 bis 8 m Höhe umgeben, in der sich rund 20 Tore befinden. Jedes Tor trägt den Namen des angrenzenden Viertels oder des Wochentags, an dem dort der Markt stattfindet.
bab debbagh

(14) Liebhaber alter Fotografien sollten unbedingt die **Maison de la Photographie** besuchen. Die Sammlung besteht aus etwa 5000 alten Fotos von Marokko (1870–1950). Pro Ausstellung werden über hundert Exemplare gezeigt. Zudem läuft hier durchgehend der erste Farbfilm aus dem Atlasgebirge (1957). Es gibt Ansichtskarten und Poster von alten arabischen Fotos zu kaufen.

46 rue ahal fes, www.maisondelaphotographie.ma, telefon: 0524 385721, geöffnet: täglich 9.30-19.00, eintritt: 40 dh

(17) Die **Madrasa Ben Youssef** ist eine der ältesten Koranschulen Marokkos. Die Schule, die heute nicht mehr genutzt wird, war eine Art Internat. Zu ihrer Blütezeit lebten dort circa 800 Jungen. Die kleinen Zimmer, in denen zwei bis acht Kinder wohnten, kann man in den Seitenflügeln und auf verschiedenen Stockwerken besichtigen. Dort liegen Schreibgeräte sowie Gegenstände, mit denen die Schüler aus Stadt und Land ihr Essen zubereiteten. Es war ein Privileg, hier zur Schule gehen zu dürfen. Die schönsten Zimmer mit Blick auf den Innenhof dienten als Gästezimmer.

place ben youssef, geöffnet: täglich 9.00-18.00, eintritt: 50 dh

(18) Das **Musée de Marrakech** befindet sich in einem Palast aus dem 19. Jahrhundert mit großartigen Keramikfliesen, Holzdecken und einem Hamam. Neben der ständigen Sammlung, zu der ein riesiger Kronleuchter, Kalligrafie und Schmuck gehören, wird auch zeitgenössische Kunst gezeigt. Das Museum hat einen schönen Innenhof, in dem man nach dem Shopping in den Souks ein *kez-atay* (Glas Tee) bekommt.

place ben youssef, geöffnet: täglich 9.00-18.00, eintritt: 40 dh

(19) Die **Almoravid Koubba** wirkt auf den ersten Blick wie ein grauer Block mit Fenstern. Sie stammt jedoch aus dem 11. Jahrhundert und ist eines der wenigen noch intakten Gebäude der Almoraviden (Mauren). Die Berberdynastie aus der Sahara erlebte im 11. und 12. Jahrhundert ihre Blütezeit. Auf ihrem Höhepunkt reichte ihr Imperium vom Süden Spaniens über Marokko bis nach Senegal und Mali. Die Koubba war ein Ort der Reinigung, an dem es fließendes Wasser gab. Das Innere der Kuppel ist mit prächtigen Blumenmotiven verziert.

place ben youssef, geöffnet: täglich 9.00-18.30, eintritt: 60 dh (kombikarte für musée, koubba und medersa)

MADRASA BEN YOUSSEF ⑰

⑳ Der **Chrob-ou-Chouf-Brunnen** wurde im 16. Jahrhundert während der Herrschaft des saadischen Sultans Ahmad al Mansur erbaut. Seit 1985 steht er auf der Liste des UNESCO-Weltkulturerbes. Eine der Inschriften auf dem Fries oberhalb des Brunnens lädt Passanten zum "Trinken und Schauen" (*chrob ou chouf*) ein.
rue bab taghzout, in der nähe von rue assouel

(21) Die ständige Ausstellung des **Musée de l'Art de Vivre** zeigt schöne Kaftane, *cherbils* (aufwendige Pantoffeln) und *mdama* (bearbeitete Gürtel). Im Erdgeschoss kann man an Parfüms schnuppern, die der Inhaber Abderazzak Benchâban selbst kreiert hat. Dieser schöne Riad eignet sich hervorragend für eine Teepause. Die Renovierung wurde von lokalen Handwerkern mit viel Liebe zum Detail ausgeführt.
2 derb chérif, www.museemedina.com, telefon: 0524 378373, geöffnet: täglich, im winter 9.00-17.00, im sommer 9.00-18.00, eintritt: 30 dh

(22) Neben Allah glauben die Marokkaner auch an Heilige: die *marabuts*. Allein in Marrakesch werden sieben Heilige in reich verzierten *zawiyas* (Grabstätten) verehrt, zum Beispiel **Sidi Abdel Aziz**. Hierher kommen die Einwohner mit ihren Wünschen, bringen Opfer dar und beten. Sidi Abdel Aziz wird auch der "Seidenheilige" genannt, da er vor seinem spirituellen Leben Seidenkaufmann in Fès war. Man sollte sich das schöne Tor um die Ecke anschauen und auf jeden Fall mal durchs Fenster hineinspähen.
derb sidi abdelaziz

(26) Auf dem **Mouassine-Platz** fällt sofort der imposante Brunnen ins Auge. Er ist der größte von Marrakesch, gut 18 m lang und fast 5 m hoch, und wurde 1562 von dem saadischen Fürsten Abdallah al Ghalib erbaut. Etwas abseits des Brunnens in einer Seitenstraße auf der linken Seite befindet sich das schöne goldene Eingangstor der Mouassine-Moschee. Bitte beachten: In Marokko darf man als Nichtmuslim keine Moscheen betreten (außer der Hassan-II.-Moschee in Casablanca).
mouassine, geöffnet: nur für muslime zugänglich

Essen & Trinken

(4) In der **Pâtisserie Chez Brahim** steht Schwester Fatima an der Kasse. Man steigt die steile Treppe hinauf und genießt oben eine Tasse Kaffee mit einem köstlichen *corne de gazelle* (marzipangefülltes Teighörnchen). Oder man tunkt sein Brot in sämiges *amlou* aus der Souss-Region bei Agadir: eine Masse aus Honig, Mandeln und Arganöl, die angeblich aphrodisierend wirkt.
86-88 rue derb dabachi, telefon: 0546 198214, geöffnet: täglich 11.00-23.00, preis: 10 dh

(9) Das von einem Franzosen geführte **Café des Épices** liegt strategisch günstig am Rahba-Kedima-Platz. Man hat eine tolle Aussicht auf den Platz mit den Gewürzgeschäften sowie auf die alten Frauen mit den handgestrickten Mützen. Im Café finden oft Ausstellungen von ausländischen Fotografen statt. Die Fotos mit Motiven aus Marokko und anderen afrikanischen Ländern sind zu kaufen. Unbedingt probieren: den köstlichen Fruchtsaft.
75 rahba lakdima, www.cafedesepices.net, telefon: 0524 391770, geöffnet: täglich 9.00-21.00, preis: brötchen ab 35 dh

(15) Romantisch essen kann man bei **Le Foundouk** (die Herberge). Die Einrichtung ist zum Teil französisch-kolonial, zum Teil marokkanisch. Auf den drei Stockwerken des Riads finden sich schöne kleine Nischen, in denen man besondere Anlässe feiern kann. Es gibt eine internationale und eine traditionelle marokkanische Karte. Reservieren ist notwendig, vor allem am Wochenende.
55 souk hal fassi, www.foundouk.com, telefon: 0524 378190, geöffnet: di-so 12.00-0.00, preis: ab 150 dh

(23) Die **Terrasse des Épices** ist einer der schönsten Orte an einem warmen Sommerabend. Im Souk Cherifia (mit einigen netten Geschäften) geht man nach oben und lässt den Trubel der Medina sofort hinter sich. Unter den Lampions schaut man auf das erleuchtete Minarett der Koutoubia-Moschee. Hier gibt es marokkanische und internationale Küche sowie hausgemachte Desserts.
15 souk cherifia, www.terrassedesepices.com, telefon: 0524 375904, geöffnet: täglich 9.00-23.00, preis: tagesmenü 100 dh

CAFÉ DES ÉPICES ⑨

㉗ CAFÉ ARABE

㉗ Die einzelnen Stockwerke des **Café Arabe** strahlen alle ein ganz eigenes Flair aus. Die italienischen Inhaber haben beim Einrichten keine Kosten und Mühen gescheut. Vor allem die begrünte Dachterrasse mit den Loungesofas und Blick auf die Souks ist fantastisch. Der Wassernebelsprüher ist bei Hitze sehr angenehm. Im Restaurant werden marokkanische und italienische Gerichte serviert.

184 rue mouassine, www.cafearabe.com, telefon: 0524 429728, geöffnet: täglich 10.00-23.00, preis: nudelgericht ab 100 dh, tajine 150 dh

(28) Im Café-Restaurant **Le Bougainvillier** kann man sich bei einem Getränk oder leichtem Mittagessen stärken. Kurz die Treppe hinunter zum Innenhof mit Brunnen, und aller Trubel scheint weit entfernt. Tipp für Kunstliebhaber, die etwas Schönes für zu Hause suchen: Das Café organisiert Ausstellungen von Malern aus der Umgebung.

33 rue el mouassine, geöffnet: täglich 10.00-22.00, preis: erfrischungsgetränk 15 dh, panini 50 dh

(29) Das **Dar Cherifa** ist Café, Bibliothek, Galerie und Kunstzentrum in einem. Es befindet sich in einem Riad aus dem 16. Jahrhundert, einem der ältesten der Stadt. Mit einer Tasse Tee oder Kaffee kann man hier gemütlich ein Buch lesen oder die riesigen Kunstwerke betrachten, die natürlich zu kaufen sind. Es werden auch Lyriklesungen veranstaltet.

8 derb cherfa lakbir, rue mouassine, telefon: 0524 426463, geöffnet: täglich 9.00-19.00, preis: tee/kaffee 15 dh

(33) Wer nach einem langen Tag in der Medina Appetit auf eine leckere Pizza hat, geht zu **Aqua**. Dieses schlichte Restaurant mit knallroten Stühlen bietet einen prachtvollen Blick auf den Platz. Im Innenbereich hängen schöne alte Fotos vom Djemaa el Fna.

68 place djemaa el fna, telefon: 0524 389899, geöffnet: täglich 10.00-23.00, preis: pizza 60 dh

(34) Dass es im **Le Marrakchi** jeden Abend hoch hergeht, lässt sich von außen kaum erahnen. Doch wer dem roten Teppich nach oben folgt, wird von der atemberaubenden Aussicht auf den erleuchteten Platz überwältigt. Der erste Stock ist schon einen Besuch wert, aber man sollte versuchen, beim Reservieren einen Platz ganz oben zu bekommen. Livemusik und Bauchtänzerinnen lassen den Saal beben. Hungrige bestellen eine *knaffa* (Blätterteigpastete mit Sahne).

52 rue des banques, www.lemarrakchi.com, telefon: 0524 443377, geöffnet: täglich 12.00-15.00 & 19.30-0.00, preis: 150 dh

Shoppen

(2) Mitten in der Medina, um den Djemaa el Fna herum, liegen verschiedene Souks. Diese halb überdachten, bunten Märkte sollte man auf keinen Fall verpassen. Die Hauptstraße der Medina ist der breite **Souk Smarine**, auf dem Handarbeiten angeboten werden. Feilschen ist ein Muss, und man sollte es nicht zu ernst nehmen. Selbst wenn man nichts kauft, ist es ein Erlebnis, durch die immer schmaler werdenden Gassen der Souks zu streunen. In den Seitenstraßen haben die Handwerker ihre Werkstätten.
eingang links von der kharbouch-moschee

(3) Der Duft von Zedernholz weht einem in dieser schmalen Gasse schon von Weitem entgegen. Wer ein schönes Salatbesteck sucht, ist hier genau richtig. Man kann sogar dabei zusehen, wie es gemacht wird. Die Kunst der **Holzschnitzer**, die mit den Zehen genauso geschickt sind wie mit den Händen, ist bewundernswert.
rue derb dabachi, geöffnet: täglich von morgens früh bis abends

(5) Liebhaber afrikanischer Musik gehen zu **Magic Music**. Hier gibt es *djembes, darbukas* (Bechertrommeln) und die marokkanische *gnawa-gimbri*, ein lautenähliches Saiteninstrument. Schwarze Sklaven brachten es aus Westafrika mit und entwickelten in Marokko eine neue Musikrichtung, den *gnawa*. Afrikanische Rhythmen kombiniert mit marokkanischem Gesang versetzen die Musiker in Trance, sodass sie böse Geister austreiben können. Der Inhaber Larbi demonstriert es gerne.
24 rue rahba lakdima, telefon: 06 70959349, geöffnet: täglich 9.00-21.00

(8) Die **Bloom Boutique** gehört einer Französin, die einige Jahre in der Pariser Modeindustrie gearbeitet hat, bevor sie hier ihr Geschäft eröffnete. Allerdings nicht in einer schicken Einkaufsstraße, sondern zwischen den Gewürzhändlern auf dem Rahba-Kedima-Platz. Sie verkauft ihre eigene modische Taschenkollektion, aber auch Lampen, die von *tarbouches* inspiriert sind – den traditionellen Kappen, die man im Souk bekommt. Ferner gibt es Kleidung und Schmuck von verschiedenen Designern.
43 place rahba kedima, telefon: 06 65736272, geöffnet: mo-sa 11.00-20.00

RIAD YIMA ⑩

(10) Liebhaber von Pop-Art-Dekorationen sollten unbedingt die Boutique **Riad Yima** besuchen. Der vielseitige Künstler Hassan Hajjaj verbindet traditionelles marokkanisches Handwerk mit modernen Einflüssen. Seine Entwürfe sind erfrischend farbenfroh. Es gibt keine festen Öffnungszeiten: einfach klingeln und sehen, ob Hassan da ist.
52 derb aajane, www.riadyima.com, telefon: 0524 391987

(25) Das **Atelier Moro** ist in Händen einer Kolumbianerin, die marokkanisches Kunsthandwerk verkauft. Wenn das Schild "open" an der Tür hängt, muss man nur kurz klopfen und wird hineingelassen. Über die Treppe geht es in den ersten Stock, wo unter anderem Keramik, Sitzkissen, Kleidung und Schmuck angeboten werden.
114 place mouassine, telefon: 0524 391678, geöffnet: mi-mo 9.00-13.00 & 14.00-18.00

(31) **Akbar Delights** fällt in der Medina sofort auf. Das Geschäft könnte sich auch in einem schicken Londoner Viertel befinden anstatt in einem arabischen Souk. Einrichtung und Kleidung sind von traditionellem marokkanischen Handwerk inspiriert, wirken aber trendy und modern. Eine schöne Tunika kombiniert mit einem farbenfrohen Schal, und schon verwandelt man sich in eine arabische Schönheit.
place bab ftouh, telefon: 06 71661307, geöffnet: di-so 10.00-13.00 & 15.30-19.30

100% there

(6) Mitten in der Medina liegt **Souk Cuisine**, dessen Inhaberin "Kochtage" anbietet. Zuerst werden gemeinsam Kräuter und Gemüse in den Souks eingekauft, dann geht's zum Workshop in einem Riad unweit eines alten Brotofens. Nachdem verschiedene Salate und Tajines zubereitet wurden, ist es Zeit zum Probieren – natürlich auf der begrünten Dachterrasse mit einem Glas marokkanischem Wein.
5 derb tahtah, rue rahba kedima, www.soukcuisine.com, telefon: 0673 804955, geöffnet: täglich 10.00-15.00, preis: kochtag 500 dh

(11) Jeden Tag ist er erneut ein Erlebnis: der **Gemüsemarkt auf dem Sidi-Ishak-Platz**, auf dem die Bewohner der Medina ihr frisches Obst und Gemüse kaufen. Wer ein gesundes Mittagessen oder einen Snack für den Spaziergang erstehen will, muss sein "bestes" Arabisch hervorholen. Mit Händen und Füßen kommt man aber auch ziemlich weit.
place sidi ishak, geöffnet: täglich von morgens früh bis spät am nachmittag (am nachmittag ist es ruhiger)

(16) Das **Dar Bellarj** entstand Ende des vorigen Jahrhunderts als Zentrum für talentierte Künstler mit dem Ziel, die zeitgenössische Kunst in Marokko zu fördern. Hier werden Ausstellungen von vielversprechenden Malern und Fotografen gezeigt, aber es gibt auch Vorführungen von anderen Künstlern sowie Tanz-, Gesangs- und Theatervorstellungen.
9 toualate zaouiate lahdar, www.darbellarj.org, telefon: 0524 444555, geöffnet: mo-sa 9.30-12.30 & 14.00-17.30, eintritt: frei, tee 10 dh, kaffee 15 dh

(24) Den **Souk der Färber** (*Souk des Teinturiers*) erkennt man an den gefärbten Wollsträngen, die über den Köpfen zum Trocknen hängen. In manchen Gassen wird immer noch gefärbt, und man erfährt eine Menge über Pigmente und Färbemethoden. Interessierte können sich einen Schesch nach Maß anfertigen lassen: einen langen, luftigen Schal, der die Tuareg in der Wüste vor Sonne, Wind und Sand (und unerwünschten Blicken) schützt.
geöffnet: täglich von morgens früh bis spätabends, preis: schesch ab 50 dh

SOUK DER FÄRBER ㉔

㉚ Ganz hinten in einer Sackgasse versteckt liegt **Le Bain Bleu**. In diesem stilvollen Hamam lässt man sich nach traditioneller Art mit brauner Seife schrubben, genießt ein orientalisches Bad oder eine Massage (mit warmen Steinen). Eine Wohltat nach einem Streifzug durch die Stadt.
32 derb chorfa lakbir, mouassine, www.lebainbleu.com, telefon: 0524 383804, geöffnet: täglich 10.00-19.00, preis: hamam inkl. behandlung 200 dh

㉜ Unter den Schirmen auf dem Djemaa el Fna kann man sich die Hände und Füße mit Henna bemalen lassen. Bitten Sie die Frauen um natürliches, braunes Henna ohne chemische Zusätze. Ob traditionelle Motive oder eigener Entwurf – das **Henna-Tattoo** ist etwa zehn Tage sichtbar.
djemaa el fna, preis: 20-60 dh (je nach verhandlungsgeschick)

Nördliche Medina

SPAZIERGANG 1 (ca. 5 km)

Der Spaziergang beginnt auf dem Djemaa el Fna (1). Wer gleich shoppen möchte, geht links an der Kharbouch-Moschee in den Souk Smarine (2). Ansonsten rechts in die Rue Derb Dabachi zu den Holzschnitzern (3) und zur Pâtisserie Chez Brahim (4). Zurück und rechts in die Rue Rahb El Biadyne (5) (6). Der Straße folgen bis zum schönen Rahba-Kedima-Platz links (7) (8) (9). Zum Riad Yima (10) geht es hinten am Platz links in die Gasse. Weiter bis fast ans Ende und dann in die Straße rechts einbiegen. Zurück und weiter bis zum Gemüsemarkt auf dem Sidi-Ishak-Platz (11). An der Weggabelung links und gleich rechts in die Straße Kaât Benahid. Der Straße durch das Wohnviertel folgen bis zur Gabelung am Ende der Derb Lakaar. Dort links ab und in die erste "große" Straße rechts, die Rue de Bab Debbagh, einbiegen. Der Straße entlang der Gerbereien (12) folgen bis zum Stadttor Bab Debbagh (13) am Ende. Zurück in Richtung Place Moukef, zum kleinen Parkplatz hinübergehen und in die linke Gasse am Ende (Souk des Fassis) (14) (15) einbiegen. Der Straße folgen, bis sie sich links um ein hohes Gebäude schlängelt, am Dar Bellarj (16) und der alten Koranschule (17) vorbei bis zum Ben-Youssef-Platz (18). Gegenüber der Koubba (19) liegt die Ben-Youssef-Moschee. Die Straße überqueren, hinter der Moschee links abbiegen und an der "Kreuzung" geradeaus. Nach einer scharfen Rechtskurve sieht man links den alten Chrob-ou-Chouf-Brunnen (20). Zum Musée de l'Art de Vivre (21) nimmt man die erste Straße links und dann die zweite Gasse links. Zurück zur "Kreuzung" und rechts in die Rue Amesfah, bis man zwei Tore erreicht. Das rechte führt zur Zawiya von Sidi Abdel Aziz (22), durch das linke setzt man den Spaziergang fort. Rechts ab und weiter zum Souk Cherifia, um auf der Terrasse des Épices (23) etwas zu trinken. Links und direkt rechts in den Souk des Teinturiers (24). Rechts halten, um auf den Mouassine-Platz (25) (26) zu gelangen. Wer Lust auf eine Stärkung mit schöner Aussicht hat, macht einen Abstecher nach rechts (27). Ansonsten den Platz über die Straße hinten links verlassen. Gegenüber Le Bougainvillier (28) links abbiegen. In der ersten Gasse rechts (Derb Chorfa Lakbir) liegen Dar Cherifa (29) und Le Bain Bleu (30). Der Rue Mouassine folgen, bis man die Souks durch ein kleines Tor verlässt und auf dem Place Bab Ftouh (31) herauskommt. Zum Schluss geht es zurück zum Djemaa El Fna, wo es Henna-Tattoos (32), leckere Pizza (33) und abends Essen mit Livemusik (34) gibt.

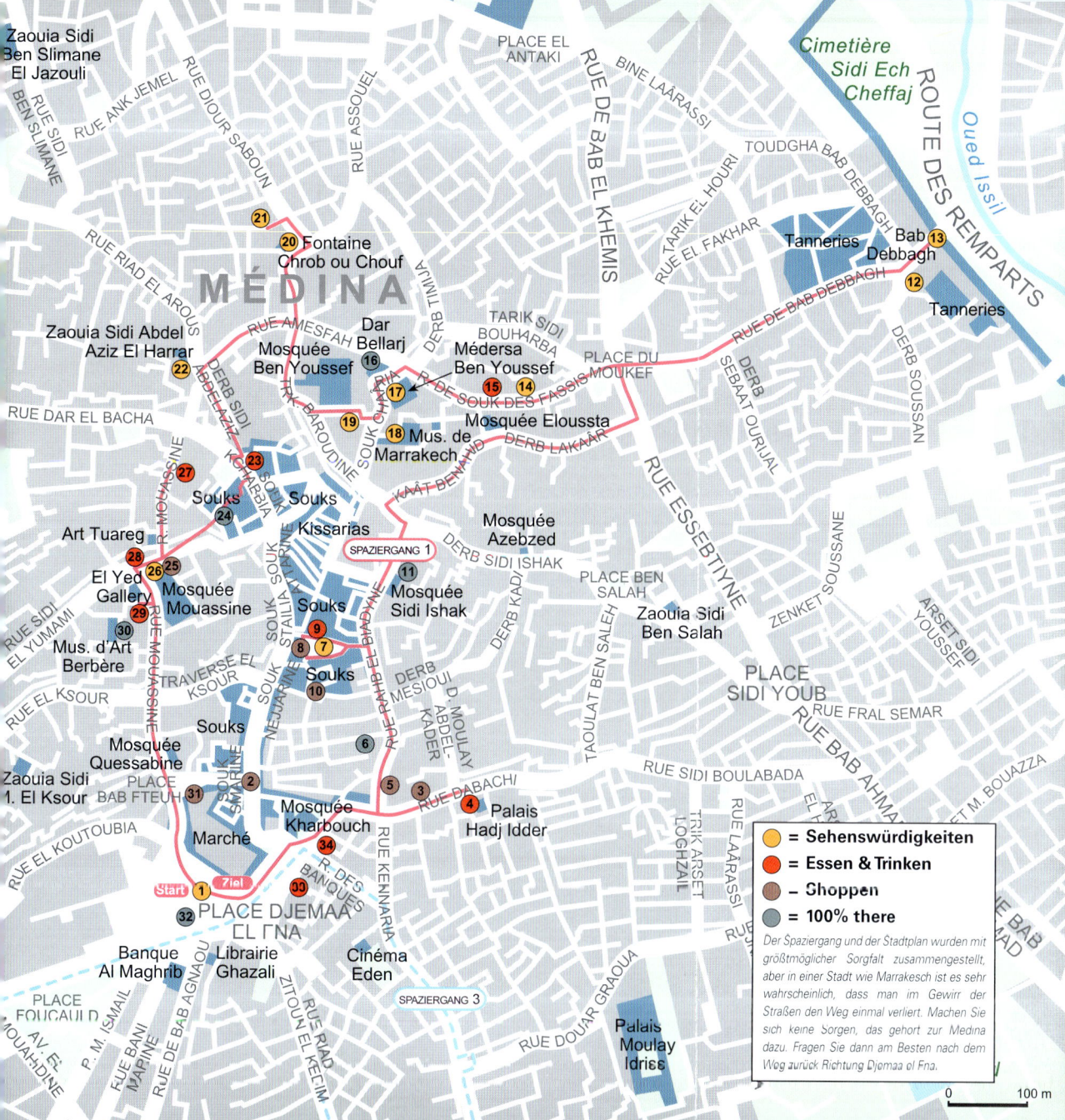

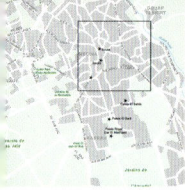

Neustadt

Sehen und gesehen werden in Guéliz und Hivernage

Das moderne Marokko findet man in diesen beiden Stadtteilen, die zusammen Neustadt genannt werden. Sie liegen außerhalb der alten Stadtmauer und wurden um 1920 von den Franzosen angelegt. Die Einteilung ist sehr übersichtlich, und die breiten Straßen unterscheiden sich sehr vom Gassengewirr der Medina. Hier verläuft man sich nicht so leicht.

Guéliz ist seit einigen Jahren stark im Kommen. Die Investitionen in den Tourismus sind gut sichtbar. Das Viertel wurde instand gesetzt, und ständig kommen neue Geschäfte und Restaurants hinzu. Nicht nur die Einteilung, sondern auch das Straßenbild unterscheidet sich stark von der nahegelegenen Medina. Guéliz vermittelt einen guten Eindruck vom neuen Marokko, wo Fast-Food-Restaurants und Werbeflächen auf dem Vormarsch sind. Wegen seiner modernen Ausstrahlung ist das Zentrum von Guéliz bei der jüngeren Generation sehr beliebt.

2

Der Place de la Liberté ist in den Abendstunden ein beliebter Treffpunkt für Jung und Alt. Von dort aus kommt man auf die Avenue Mohammed V, die wichtigste Einkaufsstraße in Guéliz. Die wirklich schönen Geschäfte liegen jedoch in den Seitenstraßen. Viele der Läden und Galerien werden von Ausländern geführt, die sich in der Stadt niedergelassen haben. Natürlich bringen sie ihre eigenen Bräuche mit: Feilschen beispielsweise kann man hier vergessen.

In der Nähe von Guéliz liegt das Wohnviertel Hivernage. Es wirkt gediegener, und das soziale Leben spielt sich weniger auf der Straße ab. Die Bewohner fahren dicke Geländewagen und treffen sich in schicken Cafés und Restaurants. Hivernage ist auch wegen seiner teuren Hotels und Nachtclubs bekannt. Wer abends noch Energie hat, sollte hier unbedingt ausgehen. In den Clubs treten regelmäßig internationale DJs auf. Weitab vom Verkehrschaos lässt sich Hivernage übrigens ausgezeichnet mit dem Fahrrad entdecken. Man sollte allerdings auf die Palmen achten, die mitten auf der Straße stehen.

6 Insider-Tipps

Bahnhof von Marrakesch

Die moderne arabische Architektur bewundern.

Café du Livre

Beim Mittagessen in einem Buch schmökern.

Moor

Sich mit stilvollen Tuniken und Accessoires eindecken.

Kechmara

Bei einem Drink entspannen.

33 Rue Majorelle

Schöne Souvenirs erstehen.

Jardin Majorelle

Den farbenprächtigsten Garten der Stadt erkunden.

 Sehenswürdigkeiten
 Essen & Trinken
 Shoppen
 100% there

Sehenswürdigkeiten

① Ende 2008 öffnete der neue **Bahnhof von Marrakesch** seine – übrigens sehr sehenswerten – Türen. Der Architekt ließ sich dabei von den monumentalen Stadttoren der alten Medina inspirieren. Auch traditioneller Stuck wurde in diesem Glanzstück moderner arabischer Architektur verarbeitet. Auf der einladenden Dachterrasse kann man im Grünen köstliche Fruchtcocktails trinken und den Bahnhofstrubel beobachten.
place haile sellassie, avenue mohammed VI

② Auch wenn ein Opern- oder Showbesuch vielleicht nicht unbedingt auf dem Programm steht, ist das **Théâtre Royal** schon von außen eine Augenweide. Wer sich doch zu einem Konzert verleiten lässt, sitzt in einem Freilufttheater mit 1200 Plätzen. Seit 2001 nimmt das vom Architekten Charles Boccara entworfene Haus eine wichtige Position im kulturellen Leben der Stadt ein. Die Besichtigung ist kostenlos.
40 avenue mohammed VI, telefon: 0524 431516, geöffnet: täglich 9.00-20.00, eintritt: (besichtigung) frei

㉟ Der berühmte botanische Garten **Jardin Majorelle**, der 1924 von dem französischen Maler Jacques Majorelle angelegt wurde, beherbergt eine reiche Pflanzensammlung, darunter viele Kakteen. Die Farbe der Töpfe und Mauern wird "Majorelle-Blau" genannt. Die ebenfalls blaue Villa Saf Saf, die der Modeschöpfer Yves Saint Laurent 1980 erwarb, springt am stärksten ins Auge. Nach seinem Tod wurde im hinteren Teil des Gartens ein Denkmal errichtet. Im kleinen Innenhof kann man Tee und Kaffee trinken.
rue yves saint laurent, www.jardinmajorelle.com, telefon: 0524 313047, geöffnet: täglich okt.-april 8.00-17.30 & mai-sept. 8.00-18.00, eintritt: 50 dh

㊱ Mitten im Jardin Majorelle werden die ursprünglichen Bewohner des Landes, die Berber, geehrt. Das sehenswerte **Berbermuseum** ist mit modernster Technik ausgestattet. Prachtvoller Schmuck und Kleidungsstücke werden unter einem funkelnden Sternenhimmel mit traditionellem Berbergesang im Hintergrund präsentiert.
rue yves saint laurent (in jardin majorelle), telefon: 0524 301852, geöffnet: täglich okt.-april 8.00-17.30 & mai-sept. 8.00-18.00, eintritt: 25 dh

Essen & Trinken

(3) Vitaminbomben bekommt man bei **Amaia**. Die Zutaten für den Salat, den man selbst zusammenstellt, werden jeden Tag frisch auf einem Bauernhof außerhalb der Stadt gekauft. Ein leckeres Dressing dazu, fertig. Es gibt auch europäische Gerichte wie Quiches oder Carpaccio. Dazu trinkt man einen fruchtigen Smoothie oder – wer etwas Stärkeres möchte – ein Glas Wein oder Bier.
84 avenue hassan II, telefon: 0524 457181, geöffnet: mo-sa 10.00-0.00, preis: salat ab 30 dh

(5) **Le Charlot** steht – inklusive der Bedienung – ganz im Zeichen von Charlie Chaplin. Zwischen den jungen, lässigen *marrakchi* bestellt man pikante *penne all'arrabiata* auf der geräumigen (im Winter beheizten) Terrasse mit Blick auf die flanierenden Leute. Dabei laufen Chaplin-Filme auf einer großen Leinwand.
imm 240, ecke avenue mohammed v und rue oum errabia, telefon: 0524 457425, geöffnet: täglich 7.00-0.00, preis: penne all'arrabiata 60 dh

(7) Im schicken Viertel Hivernage spielt sich das Leben kaum noch auf der Straße ab. Trotzdem wird es einem auf der Terrasse des **Cafés Extrablatt** mit Blick auf die breite Straße garantiert nicht langweilig. Wer dazugehören will, parkt seinen SUV vor der Tür und holt sich einen Cappuccino oder Espresso.
ecke rue echouhhada und avenue el kadissia, www.cafe-extrablatt.com, telefon: 0524 434843, geöffnet: täglich 9.00-23.00, preis: frühstück ab 39 dh

(8) Früher lag das Hotel **Grand Café de la Poste** an einem staubigen Sandweg. Heute ist es der Mittelpunkt des lebendigen Stadtteils Guéliz. Die Reisenden von einst sind heute Geschäftsleuten, Touristen und Passanten gewichen. Die zentral gelegene Terrasse eignet sich sehr gut zum Beobachten von Menschen. Wer Abkühlung sucht, lässt sich auf der Veranda im Kolonialstil nieder.
40 boulevard el mansour eddahbi, telefon: 0524 433038, geöffnet: täglich 8.00-1.00, preis: kaffee 25 dh, mittagessen ab 100 dh

CAFÉ DU LIVRE ⑮

⑨ Die Terrasse des **16 Café** ist perfekt für alle, die gern sehen und gesehen werden. Unter den Sonnenschirmen vergisst man die Zeit, denn auf dem Platz ist immer etwas los. In dem zentral gelegenen Café kann man den ganzen Tag verweilen. Serviert werden Frühstück und Kaffee mit köstlichen Törtchen sowie Lunch, Aperitif und Abendessen. Natürlich gibt es sämtliche Leckereien auch zum Mitnehmen.

place du 16 novembre, www.16cafe.com, telefon: 0524 339670, geöffnet: täglich 7.00-0.00, preis: üppiges frühstück 80 dh

(15) Im **Café du Livre** genießt man seinen Drink mit einem guten Buch. Im ersten Stock liegt eine Auswahl an Büchern und Zeitschriften, von "Überbleibseln" aus diversen Hotels bis hin zu Neuausgaben. Die meisten Bücher sind in französischer oder englischer Sprache, doch man findet auch etwas auf Deutsch. Wer sein Buch noch nicht ausgelesen hat, bleibt einfach zum Essen dort.

44 rue tarik ibn ziad, hotel toulousian, telefon: 0524 432149, geöffnet: mo-sa 9.30-21.00, happy hour 16.00-20.00, mo quizabend (engl.) ab 18.30, preis: tapas ab 25 dh, tagesgericht 75 dh

(16) Versuchen Sie, einen Platz in dem gemütlichen Innenhof von **l'Entrepotes** zu ergattern. Aber nicht traurig sein, wenn es draußen zu voll ist. Auch drinnen kann man prima sitzen, zum Beispiel auf einem der schicken Loungesofas. An den hübsch angerichteten Speisen kann man erkennen, dass die Köche ihren Beruf lieben. Die Gerichte sind von der französischen Küche inspiriert.

62 rue tarik ibn ziad, telefon: 0524 422125, geöffnet: täglich 12.00-1.00, preis: 120 dh

(26) Das **Kechmara** ist Restaurant, Café und Galerie in einem. Regelmäßig werden Arbeiten von marokkanischen Malern und Fotografen gezeigt. Mittwochs und freitags gibt es Livemusik, donnerstags und samstags legt ein DJ auf. Kechmara ist nicht sehr touristisch. Die Einrichtung ist hell und modern mit hohen Barhockern und Schalensitzen aus den 1970er-Jahren. Serviert wird französische Küche. Auch die Dachterrasse ist sehr zu empfehlen.

3 rue de la liberté, www.kechmara.com, telefon: 0524 422532, geöffnet: mo-sa 9.00-1.00, preis: menü 110 dh

(30) Wer mitten in Guéliz plötzlich Lust auf japanisches Essen bekommt, geht zu **Ocha Sushi**. Es liegt zentral und bietet eine große Auswahl an köstlichen Sushi und Sashimi, zubereitet von einem Koch aus Tokio. Teetrinken ist eine Tradition, die Japaner und Marokkaner teilen. Daher findet man im ersten Stock des modernen Restaurants auch einen Teesalon. Ocha Sushi liefert auch ins Haus oder Hotel.

43 rue de yougoslavie, telefon: 0524 420088, geöffnet: täglich 11.00-0.00, preis: sushi-auswahl ab 85 dh

OCHA SUSHI ㉚

㉞ Wer nach einem zünftigen Streifzug durch die Stadt Durst bekommen hat, stillt ihn in der **Kaowa Snack & Juice Bar** mit herrlichen Smoothies. Es gibt den Vitamin-, den Orient- oder den Detox-Mix. Alle Smoothies werden aus purem Obst zubereitet, also ohne Wasser und Zucker. Auf der Karte stehen auch leckere und gesunde Salate, Wraps, vegetarisches Taboulé und köstliche Suppen.
34 rue majorelle, telefon: 0524 330072, geöffnet: täglich 8.00-19.00, preis: smoothie 39 dh

Shoppen

(10) 100% marokkanische Streetwear gibt es bei **Marwa**. Mit 14 Geschäften in Marokko hat der Designer Karim Tazi nach 17 Jahren einen prominenten Platz unter den großen Marken erobert. Verschleiert oder nicht – jede junge Marokkanerin findet in seiner Kollektion etwas Schönes und Bezahlbares. Und vielleicht auch Sie.
place du 16 novembre, telefon: 0524 458237, geöffnet: mo-sa 10.00-21.00, so 10.00-20.00

(11) Glitzer, Pailletten, Federn, tiefes Dekolleté, ultrakurz oder aufreizend ge-schlitzt: Bei **La Boutique 961** gibt es alles. Die Zahlenkombination verweist auf die Vorwahl des Libanon, wo diese Glamour-Boutique entstand. Heute findet man auch in Marrakesch diese Kleider, bei denen Scheichs und Prinzen gleichermaßen schwach werden. Für den schmaleren Geldbeutel gibt es tolle Accessoires.
28 rue tarik ibn ziad, www.laboutique961.com, telefon: 0524 421144, geöffnet: mo-sa 11.00-13.30 & 16.00-21.00

(12) Das Designerduo **Mysha & Nito** bringt frischen Wind in die marokkanische Kaftanmode. Neben traditioneller, durchaus laufsteggeeigneter Kleidung findet man hier auch schöne marokkanische Kunstgegenstände und Schmuck. Die Entwürfe sind eine perfekte Mischung aus Tradition und Moderne. Unten im Atelier sieht man, dass die Kleidung tatsächlich von Hand gefertigt wird.
ecke rue sourya und rue tarik ibn ziad, telefon: 0524 421638, geöffnet: mo-sa 9.30-13.00 & 15.00-20.00

(13) Ein wunderbarer Laden für Kinder (bis zwölf Jahre): **Alrazal** verkauft keine alltägliche Kinderkleidung, sondern viele schöne Sachen für besondere Gelegenheiten, zum Beispiel Taufe oder Hochzeit. Verwendet werden exklusive Materialien wie Wildseide und Samt. Der perfekte Anlaufpunkt für kleine Prinzen und Prinzessinnen.
55 rue sourya, www.alrazal.com, telefon: 0524 437884, geöffnet: mo-sa 9.30-13.00 & 15.30-19.30

(14) Bei **L'Oiseau Bleu** gibt es allerhand Hübsches fürs Haus – von Lampen und Kerzen über bestickte Handtücher bis hin zu Bettwäsche. Vor allem wegen Letzterer lohnt es sich, die Treppe zu diesem Geschäft hinaufzusteigen.
3-5 rue tarik ibn ziad, telefon: 0524 439812, geöffnet: mo-sa 9.00-13.00 & 15.30-19.30

(17) Die Französin **Michèle Baconnier** ist eine Weltenbummlerin. Die auf ihren Reisen gesammelten Ideen tauchen in ihren Entwürfen wieder auf. Als Innenarchitektin hat sie schon viele Häuser eingerichtet und sich in Marrakesch, Paris und Saint-Tropez einen Namen gemacht. Zwei weitere Läden befinden sich im südfranzösischen Ramatuelle sowie in Paris.
12 rue des vieux marrakchis, www.michele-baconnier.net, telefon: 0524 449178, geöffnet: mo-sa 9.30-13.00 & 15.00-19.00

(18) In der niedlichen Boutique **Chewing Gum** entsteht Kleidung, speziell für brave Kinder. Designerin Aimée Dahri, die fast jeden Vormittag selbst anwesend ist, ließ folgenden Spruch in ihre Entwürfe nähen: "manufacturé pour des enfants sages" (*sage* bedeutet artig, brav). Hier gibt es schlichte, farbenfrohe Klamotten für Jungen und Mädchen.
14 rue des vieux marrakchis, telefon: 0524 446704, geöffnet: mo-sa 8.00-19.30

(20) Bei **Moor** hängen orientalische Lampen an der Decke und Korantafeln an den Wänden. Von den fantastischen Kleidern kann man gar nicht genug bekommen. Und wer möchte, lässt sich von Isabelle beraten. Ihr Bruder blieb nach seinen Reisen rund um die Welt schließlich in Marrakesch hängen und eröffnete einige schöne Geschäfte (darunter Akbar Delights in der Medina).
7 rue des vieux marrakchis, telefon: 0524 458274, geöffnet: mo 15.00-19.00, di-sa 10.00-13.00 & 15.00-19.00

(21) Die Designerin des Geschäfts **CréaZen** hat "der orientalische Wind erfasst," wie sie auf ihrer Website schreibt. Seitdem entwirft sie Mode für kosmopolitische Frauen aus der ganzen Welt, für jedes Alter und alle Größen. Gefertigt wird die puristische Kleidung aus luftigen Materialien und ist vor allem in Schwarz, Weiß und Grau erhältlich.
32 galerie de la liberté, ecke avenue mohammed v und rue de la liberté, www.creazenspirit.com, telefon: 0524 432233, geöffnet: mo-sa 9.30-12.30 & 15.30-19.30

33 RUE MAJORELLE ㉜

㉒ Bei **Atika** gibt es schöne italienische Schuhe, *made in Marrakesch.* Hier bekommt man garantiert gute Qualität und die neuesten Modelle. Die Kinderabteilung **Tesoruccio** befindet sich auf der Rückseite des Geschäfts, hinein geht es über die Passage nebenan. Wer noch silberne Mini-*babouches* aus echtem Leder sucht, ist hier richtig.

34 rue de la liberté, ecke avenue mohammed v und rue de la liberté, telefon: 0524 436409, geöffnet: mo-sa 8.30-12.30 & 15.30-20.00

㉔ **JEFF DE BRUGES**

㉓ In ihrem Geschäft **Intensité Nomade** zeigt die Stylistin Fréderique Birkemeyer, was sie kann. Im Untergeschoss bei der "Collection Caftan" sind der Fantasie keine Grenzen gesetzt. Für das echte Orient-Feeling lässt man sich in eines der wunderbaren Gewänder, Hemden oder Kaftane hüllen. Keine Feier in Aussicht? Eine hübsche, schicke Bluse, mit der man sich in Hivernage sehen lassen kann, gibt es hier auch.
139 avenue mohammed v, telefon: 0524 431333, geöffnet: mo-sa 9.30-13.00 & 15.30-20.00

㉔ Echte Feinschmecker müssen zu **Jeff de Bruges**. Dort gibt es die beste Schokolade der Stadt. Von außen ähnelt das Geschäft einem altmodischen Süßwarenladen, von innen Charlies Schokoladenfabrik. Der Franzose Philippe Jambon gründete diese Franchisekette einst mit einer Schokoladenfabrik im belgischen Brügge.
17 rue de la liberté, www.jeff-de-bruges.com, telefon: 0524 430249, geöffnet: mo-sa 9.00-13.00 & 15.00-20.30 (in den Wintermonaten bis 19.30)

㉕ **Darkoum** bedeutet "euer Haus". Wer etwas Schönes nach Hause mitnehmen möchte, kommt in dieser Galerie voller Ethnokunst auf seine Kosten. Hier gibt es die schönsten Objekte aus Afrika und Marokko über drei Stockwerke verteilt. In der Galerie verbirgt sich ein echter Schatz: die Kollektion alter Stoffe und Kissen. Hier findet jeder ein ausgefallenes Andenken an Marrakesch.
5 rue de la liberté, www.darkoum-marrakech.com, telefon: 0524 446739, geöffnet: mo-sa 9.30-13.00 & 15.30-20.00 (während des ramadans geschlossen)

㉗ Die Lampen von Yahya sind inzwischen weltberühmt. Der Designer ist ein unübertroffener Fachmann, der schon seit Jahren fantastische, raffinierte Lampen herstellt. So mancher Innenarchitekt deckt sich hier mit edlen Objekten ein. In dem Geschäft **Yahya Création** findet man eine kleine feine Auswahl seiner Arbeit. Der Laden ist von außen unauffällig, aber innen umso spektakulärer.
61 rue de yougoslavie, p. ghandouri, magasin 49-50, www.yahyacreation.com, telefon: 0524 422776, geöffnet: mo-sa 9.30-13.00 & 15.00-19.30

㉘ Die ursprünglich aus Marokko stammende Designerin Kenza Melehi pendelt zwischen ihrem Kundenstamm in London und dem Geschäft in Marrakesch hin und her. In dem märchenhaften Laden **Kenza Melehi Haute Couture** hat man das Gefühl, selbst in den Kulissen eines grandiosen Theaters zu stehen und die Hauptrolle zu spielen. Kein Wunsch ist verrückt genug. Wer etwas Geduld hat, kann sich ein festliches Kleid maßschneidern lassen.
61 rue de yougoslavie, p. ghandouri, magasin 41, telefon: 0524 422641, geöffnet: sept.-juni mo-sa 9.00-13.00 & 15.00-19.00

(29) Wer möchte, kann sich das ganze Haus von **Decoriente by Unsign** einrichten lassen. Der Stil der Möbel ist geprägt von einer ungewöhnlichen Mischung aus orientalischen Verzierungen und moderner Geradlinigkeit. Die Möbel können nach Maß gefertigt werden.

61 rue de yougoslavie, passage ghandouri (letzter laden), telefon: 0524 436312, geöffnet: mo-sa 9.30-13.00 & 15.30-19.30

(31) In der **Galerie Majorelle**, gleich neben dem Jardin Majorelle, bekommt man einen Vorgeschmack auf die Atmosphäre in den Gärten Marrakeschs. In der Mischung aus Galerie und Parfümerie hebt sich das Majorelle-Blau elegant von der Holzeinrichtung (mit fantastischen Deckenschnitzereien) ab. Neben dem Katalog des Malers Jacques Majorelle gibt es auch Parfüms mit Namen wie "Soir de Marrakech" und "Jardin Majorelle". Letzteres wurde im Auftrag des 2008 verstorbenen Yves Saint Laurent kreiert.

rue majorelle, geöffnet: täglich 9.00-18.00

(32) Zwei Stockwerke voll mit Krimskrams: So kann man **33 Rue Majorelle** am besten umschreiben. In diesem Minikaufhaus gibt es endlos viele bunte Accessoires, Notizbücher, Recyclingtaschen und Plüschdromedare. Auch die mit *babouches* oder Kaftanen bedruckten T-Shirts sind originell. In der oberen Etage findet man vor allem Kleidung für Männer, Frauen und Kinder.

33 rue yves saint laurent, 33ruemajorelle.com, telefon: 0524 314195, geöffnet: täglich 9.30-19.00

(33) Wenn Sie den Geruch des Orients mit nach Hause nehmen wollen, dann schauen Sie bei **Héritage Berbère** vorbei. Alle Parfüms (für Männer und Frauen) setzen sich aus edlen Essenzen wie Sandelholz, Amber und Moschus zusammen. Sie haben keine Namen, sondern sind nummeriert.

1 place douar graoua, telefon: 0524 429042
429042, geöffnet: täglich 10.00-19.30

100% there

(4) Am **Place du 16 Novembre** kommt man nicht vorbei, wenn man in Guéliz ist. Der Platz mit den hohen Brunnen und riesigen Werbeflächen wurde in den letzten Jahren gründlich renoviert. Vor allem am Wochenende ist das Zentrum von Guéliz ein Hotspot. Dort gibt es Fast-Food-Ketten, angesagte Geschäfte und Luxusappartements. Der Platz spiegelt die (oft unbekannte) moderne Seite Marokkos wider.
place du 16 novembre

(6) Bei **Génération Quad** kann man Räder und Motorroller mieten: eine etwas andere Art, die Stadt zu entdecken. Die Räder werden direkt auf der Straße vermietet. Marrakesch ist flach und damit relativ gut mit dem Rad befahrbar. Aufgepasst im Verkehr, denn Radwege gibt es hier nicht. Das mondäne Viertel Hivernage eignet sich ausgezeichnet für eine Radtour.
place de la liberté, telefon: 0667 969334, geöffnet: täglich von morgens früh bis sonnenuntergang, preis: 70 dh für ein fahrrad (halber tag), 300 dh für einen motorroller (ganzer tag)

(19) Die **David Bloch Gallery** hat sich in Marrakesch schnell einen Namen gemacht. Sie zeigt sehenswerte moderne Kunst von marokkanischen, aber auch amerikanischen und französischen Künstlern. In der Galerie kann man sich zwanglos einfach mal umschauen. Aktuelle und geplante Ausstellungen stehen auf der Website.
8 bis rue des vieux marrakchis, www.davidblochgallery.com, telefon: 0524 457595, geöffnet: mo 15.30-19.30, di-sa 10.30-13.30 & 15.30-19.30

Neustadt

S P A Z I E R G A N G   2 (ca. 6 km)

Der Spaziergang beginnt am Bahnhof von Marrakesch (1). Die Straße überqueren und in die Avenue Hassan II einbiegen, an der Ecke sieht man das Théâtre Royal (2). Unter den schattigen Bäumen weitergehen – mit einem Vitaminschub für unterwegs (3) – bis zum Place du 16 Novembre (4). Hier biegt man rechts ab zum Place de La Liberté, um sich bei Le Charlot (5) zu stärken, oder ein Fahrrad zu leihen (6), um das Viertel Hivernage zu erkunden (7). Dann zurück zum Place du 16 Novembre in ein Straßencafé oder zum Shopping (8) (9). In die zweite Straße nach Marwa (10) einbiegen, auf der anderen Seite des Platzes links ab und rechts in die Rue Tarik Ibn Ziad, wo es schöne Kleidung gibt (11) (12). Kinderkleidung (13) findet man rechts in der Rue Sourya. Weiter in der Rue Ibn Tarik zu vielen anderen Shops auf der rechten Seite (14) (15) (16). An der Kreuzung links ab in die Rue de la Liberté. In der ersten Straße rechts, der Rue des Vieux Marrakchis, gibt es nette Geschäfte und eine Kunstgalerie (17) (18) (19) (20). Zurück zur Rue de la Liberté. In der Einkaufspassage rechts (Galerie de la Liberté) befinden sich weitere Läden (21) (22). Die Avenue Mohammed V überqueren und bei Intensité Nomade (23) vorbeischauen; geradeaus in der Rue de la Liberté gibt es leckere Schokolade und Ethnokunst (24) (25). An dem stilvollen Restaurant Kechmara (26) vorbei und rechts in die Rue de Yougoslavie. Links in der Einkaufspassage (Passage Ghandouri) locken einige Topadressen für Design und Haute Couture (27) (28) (29). Weiter zur Avenue Mohammed V. An der linken Ecke liegt Ocha Sushi (30). Die belebte Kreuzung setzt sich aus sechs Straßen zusammen, nehmen Sie die zweite rechts: den Boulevard Mohammed Zerktouni. Man kann die Straße, die in die Avenue Yacoub El Mansour übergeht, zu Fuß gehen (ca. 20 Minuten) – oder ein *petit taxi* anhalten, wenn die Beine nicht mehr wollen – bis zum Schild Jardin Majorelle. Links ab (entlang der Kutschen) findet man die Galerie Majorelle (31), schöne Souvenirs (32), edles Parfüm (33) und einen gesunden Smoothie (34). Der bezaubernde Jardin Majorelle (35) ist eine Oase der Ruhe, in der man herrlich faulenzen oder die exotischen Pflanzen und die prachtvolle Sammlung des Musée D'Art Islamique, besser bekannt als Berbermuseum (36) bestaunen kann.

Südliche Medina

Sehenswerte Paläste, historische Bauten und jüdisches Viertel

Auf den ersten Blick ist die südliche Medina ein ganz normales Stadtviertel. Doch hier findet man auf relativ kleiner Fläche viele Zeugnisse der reichen Geschichte Marrakeschs, die bis ins 11. Jahrhundert zurückgeht. Immer wieder war die Stadt Zentrum von Handel, Kultur und Religion. Bedeutende Sultane hatten hier ihre Herrschersitze, deren Spuren noch sichtbar sind. Es gibt die Ruinen des Bahia-Palastes, des El-Badi-Palastes und die Saadischen Gräber – Vermächtnisse aus bewegten Zeiten. Auch der heutige König Mohammed VI. hat hier einen Palast, verborgen hinter hohen Mauern mit Wachen. Ist der König in der Stadt, werden überall die Flaggen gehisst.

Ein Teil der historischen Bausubstanz ging mit der Zeit verloren, man sollte daher keine imposanten Bauwerke erwarten. Die Schönheit liegt im Detail wie beim Obstgarten des El-Badi-Palastes und dem fantastischen Mosaik im Bahia-Palast. In den letzten Jahrzehnten wurden viele Gebäude hergerichtet und wieder zugänglich gemacht. Manchmal, so auch bei den Saadischen

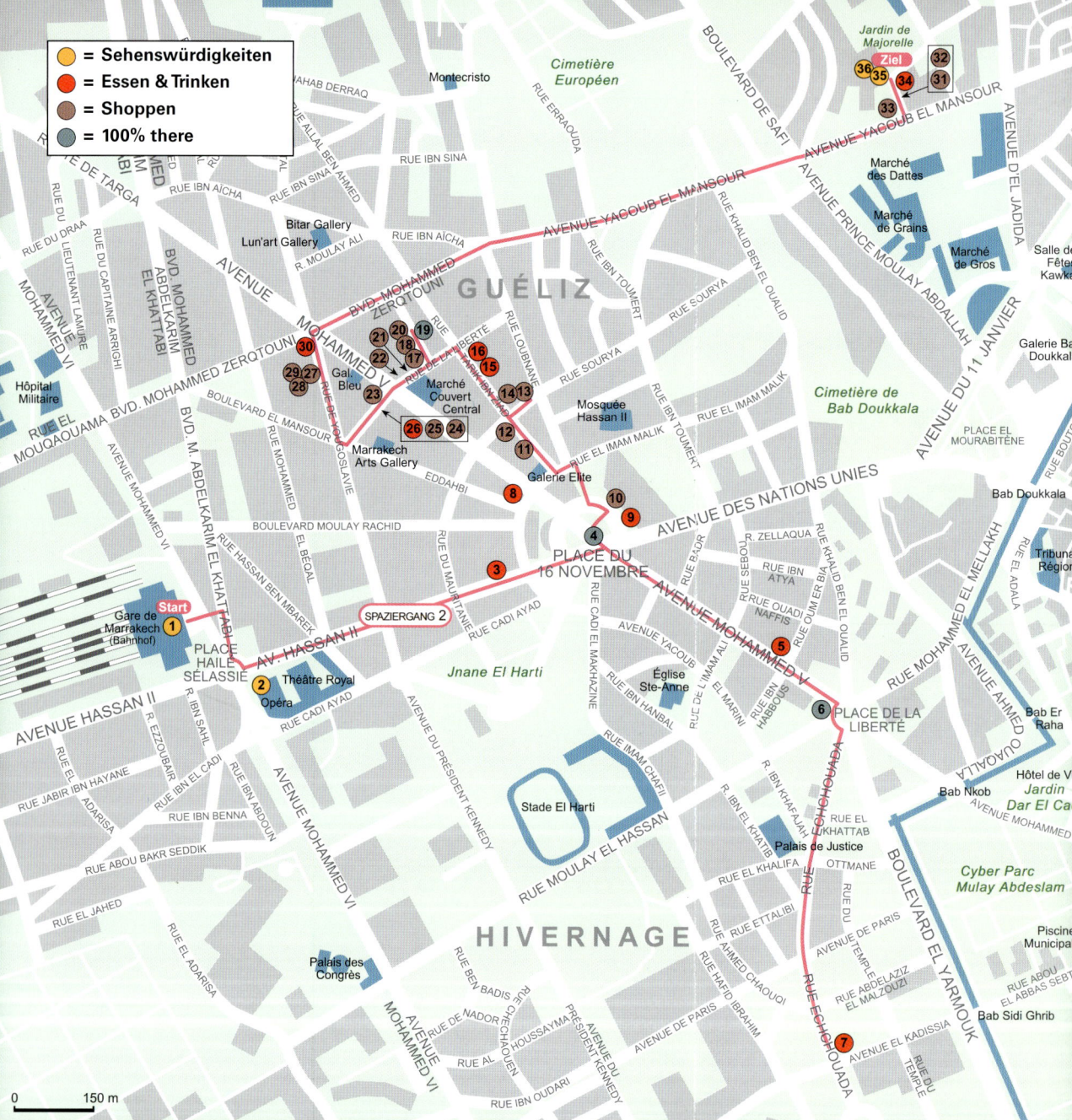

3

Gräbern, muss man den Eingang regelrecht suchen. Die staubigen Straßen lassen oft nichts von der Pracht auf der anderen Seite der Mauer vermuten. Doch das macht den Charme der Medina aus.

Wie viele marokkanische Städte hat auch Marrakesch eine Mellah, ein jüdisches Viertel. Es stammt aus dem Jahr 1558 und ist heute ein normaler Stadtteil mit kleinen Geschäften. Im Gegensatz zu den arabischen Häusern, die zum Innenhof ausgerichtet sind, haben viele Häuser (Holz-)Balkone. Die Mellah ist nicht sehr touristisch und konnte deshalb ihren ursprünglichen Charakter bewahren.

Auf dem Place des Ferblantiers sitzt man gemeinsam mit den Einheimischen beim Mittagessen. Doch auch außerhalb der Stadtmauer gibt es viel zu sehen. Bei klarem Himmel hat man einen schönen Blick auf das Atlasgebirge. Winston Churchill soll am Balkon seines Zimmers im La Mamounia gesagt haben, dies sei "der schönste Ort der Welt".

6 Insider-Tipps

Bahia-Palast

Den Palast mit den schönen Zimmerdecken besuchen.

Warda la Mouche

Sich im marokkanischen Stil einkleiden.

Bab Agnaou

Eines der ältesten Tore der Medina bewundern.

Imbisstände auf dem Djemaa El Fna

Echte marokkanische Linsensuppe probieren.

Saadische Gräber

Den filigranen Stuck bestaunen.

Kosybar

Sich zurücklehnen und die Aussicht genießen.

 Sehenswürdigkeiten

Shoppen

Essen & Trinken

100% there

Sehenswürdigkeiten

(9) Der Sammler und Archäologe Bert Flint wohnt seit gut 40 Jahren in Marrakesch. Während seiner Entdeckungsreisen durch West- und Nordafrika hat er eine umfangreiche Sammlung aufgebaut, darunter Keramik, Ornamente, Kleidung und Schmuck von den Berbern und Tuareg aus der Sahara. Einen Teil kann man in der **Maison Tiskiwin** sehen. Die Sammlung zeigt schöne Stücke aus Orten wie Agadez (Niger) und Timbuktu (Mali).
8 rue de la bahia, telefon: 0524 389192, geöffnet: täglich 9.30-12.30 & 15.00-18.00, eintritt: 20 dh

(11) Das **Musée Dar Si Said**, das sich in einem Palast aus dem 19. Jahrhundert befindet, beherbergt eine große Sammlung marokkanischer Möbel, Teppiche, Gebrauchsgegenstände und Schmuck. Außergewöhnlich sind die vielen Türen aus Zedernholz, die alle mit prachtvollen Malereien verziert sind. Im obersten Stock liegt ein äußerst sehenswerter Salon mit Blick auf den Haremsbereich.
derb el bahia, rue riad zitoun el jdid, telefon: 0524 442464, geöffnet: mi-mo 9.00-16.45, eintritt: 10 dh

(13) Der **Bahia-Palast** wurde Ende des 19. Jahrhunderts für Ahmed Ibn Moussa erbaut, den Sohn des Großwesirs, den man auch Ahmed Bahia ("der Schöne") nannte. Handwerker aus Fès versahen den majestätischen Palast mit Stuck, Zedernholzdecken und Marmorböden. Mit 160 Zimmern, in denen auch Ahmeds Harem lebte, war er einer der größten Paläste der Region und hatte zudem einen riesigen Garten. Wenn der marokkanische König in der Stadt ist, wohnt er häufig in diesem Palast (der dann für Besucher geschlossen ist).
rue riad zitoun el jdid, geöffnet: täglich 9.00-16.30, eintritt: 10 dh

(16) Der **Place des Ferblantiers** ist unter anderem für seine Störche bekannt. Umringt von Handwerksgeschäften und stattlichen Palmen ist der Platz eine wahre Oase der Ruhe. Um die Mittagszeit riecht man die köstlichen Tajines (marokkanische Schmortöpfe). Wer nun Appetit bekommen hat, setzt sich zu den Einheimischen in ein Straßencafé.
place des ferblantiers

⑬ BAHIA-PALAST

(18) Schon seit Jahrhunderten leben Juden in Marokko. Wie die meisten Städte hat Marrakesch ein eigenes jüdisches Viertel, die **Mellah**. Der Name soll daher stammen, dass die Juden früher viel Salz benutzten (*mellah* bedeutet "Salz"), um Gold aufzuwiegen und Stoffe zu färben. Heute gibt es hier viele Gewürzstände mit kunstfertig aufgetürmten Gewürzbergen.
in der nähe der place des ferblantiers

(19) Der **El-Badi-Palast** wurde Ende des 16. Jahrhunderts von Sultan Ahmed al Mansur erbaut. Es soll darin 360 Zimmer gegeben haben, ein riesiges Schwimmbecken und unterirdische Zellen. In der heutigen Ruine sind die Reste der Zellen und des Schwimmbads noch zu sehen. Die Stille innerhalb der Palastmauern wird nur hin und wieder vom Klappern der Störche unterbrochen. Die alte *minbar* (eine Art hohe Kanzel) mit feiner Schnitzerei aus der Koutoubia-Moschee ist durchaus sehenswert.
um der ecke der place des ferblantiers, geöffnet: täglich 9.00-16.45, eintritt: palast 10 dh, minbar 10 dh

(23) Die **Saadischen Gräber** sind die königlichen Grabstätten aus der Zeit des saadischen Sultans Ahmed al Mansur (1578–1603), der auch den El-Badi-Palast bauen ließ. Er liegt hier mit etwa 60 anderen Mitgliedern der Saadier-Dynastie und einigen alawidischen Herrschern begraben. Die Gräber wurden 1917 zufällig entdeckt und daraufhin restauriert. Sie sind mit Zedernholz und filigranem Stuck verziert, der an geklöppelte Spitze erinnert. Auf dem Weg zu den Gräbern durchquert man einen schmalen Gang, der in einen idyllischen, ummauerten Garten führt.
rue de la kasbah, geöffnet: täglich 9.00-16.45, eintritt: 10 dh

(26) Wer die Mauern des Kasbah-Viertels beim Tor Bab El Rhob hinter sich lässt, hat bei klarem Wetter einen schönen **Blick auf das Atlasgebirge**. Die verschneiten Gipfel, die sich gestochen scharf gegen den blauen Himmel abheben, sind manchmal bis weit in den Mai sichtbar. Im Sommer ist es oft zu diesig, um die Berge zu sehen, die nur eine Autostunde von Marrakesch entfernt liegen.

(27) Das Stadttor **Bab Agnaou** ist eines der ältesten Tore in der kilometerlangen Stadtmauer um Marrakesch herum. Das "Tor der schwarzen Menschen" wurde im 12. Jahrhundert erbaut und hatte eine repräsentative Funktion. An den Verzierungen, unter anderem mit Texten aus dem Koran, ist das immer noch gut erkennbar. Das Tor führte zur königlichen Kasbah, wo unter anderem der El-Badi-Palast und die Saadischen Gräber liegen.
bab agnaou

(28) Der **Jardin La Mamounia** war im 18. Jahrhundert ein Hochzeitsgeschenk des Sultans Sidi Mohammed Ben Abdellah für einen seiner Söhne. 1923 bauten die Architekten Prost und Marchisio hier das gleichnamige **Hotel La Mamounia** mit einer schönen Mischung aus traditioneller marokkanischer Architektur und Art déco. Seither ist es bei Filmstars und anderen Promis sehr beliebt. Das Hotel diente oft als Filmset, beispielsweise in *Der Mann, der zuviel wusste* von Alfred Hitchcock. Nach langer Restaurierung wurde es 2009 wiedereröffnet.
avenue houmman el fetouaki, www.mamounia.com

(30) Die **Koutoubia-Moschee** ist das größte Gotteshaus von Marrakesch. Das Minarett wurde Ende des 12. Jahrhunderts fertiggestellt, nachdem die Bauarbeiten an einer früheren Moschee abgebrochen wurden. Laut einer Legende soll diese Moschee nicht korrekt in Richtung Mekka gezeigt haben. Das Minarett der Koutoubia-Moschee diente als Vorbild für den Glockenturm der heutigen Kathedrale von Sevilla, der Giralda. Früher boten auf dem Vorplatz Buchhändler ihre Waren feil (*koutoubia* bedeutet Büchermoschee).
avenue mohammed v, geöffnet: nur für muslime zugänglich

③ CAFÉ BAKCHICH

Essen & Trinken

(1) Wer den Tag gesund beginnen möchte, der holt sich auf dem Djemaa el Fna an einem der Stände mit **Orangen** einen frisch gepressten Saft. Der Saft ist köstlich, auf die Eiswürfel sollte man allerdings verzichten.
djemaa el fna, geöffnet: von morgens früh bis abends spät, preis: je glas 4 dh

(2) Das **Café de France** ist eines der bekanntesten, typisch nordafrikanischen Cafés der Stadt. Dort sitzen Männer stundenlang bei ihrem geliebten süßen Pfefferminztee oder einem leckeren *nos nos* (halb Kaffee, halb Milchschaum) auf der Terrasse. Beim Bestellen dieses Milchkaffees erntet man garantiert ein wohlwollendes Lächeln. Mit Blick auf den quirligen Platz wird es einem sicher nicht langweilig.
djemaa el fna, telefon: 0524 442319, geöffnet: täglich 6.00-0.00, preis: nos nos 10 dh

(3) Wer im **Café Bakchich** lange auf seine Bestellung warten muss, den schützt wenigstens die Hand der Fatima, die mitten im farbenfrohen Café hängt, vor dem bösen Blick. Mit den Teppichläufern aus Plastik, den bunten Aluminiumlampen und den Fächern auf dem Tisch verströmt das Lokal eine fröhliche Atmosphäre. Das hausgemachte Joghurtgetränk raïbi muss man einfach mal probieren, am besten mit einem süßen Gebäck dazu.
5 rue kennaria, telefon: 0661 488692, geöffnet: täglich 9.30-22.30, preis: raïbi 6 dh, törtchen 10 dh

(7) Auf einem kleinen Platz mitten in den Souks liegt das Restaurant **Un Déjeuner à Marrakech**. Auf der überwiegend französischen Karte kann man sich ein köstliches Mittagessen aussuchen. Wie wäre es mit einem Salat aus Ziegenkäse, Orangenblütenhonig, Walnüssen und Entenbrust? Ruhig und gemütlich geht es auf der Dachterrasse zu.
2-4 place douar graoua, telefon: 0524 378387, geöffnet: täglich 10.00-22.00, preis: 70 dh

⑮ In der Brasserie **Le Tanjia** steht die marokkanische Küche und vor allem das regionale Gericht Tanjia im Mittelpunkt. Dieser Eintopf wurde traditionell von Männern zubereitet. Fleisch und Gewürze landeten zusammen in einem *tanjia* (Tonkrug), der in den Hamam mitgenommen wurde. Dort garte alles langsam über dem Holzfeuer, mit dem der Hamam beheizt wurde, während der Herr des Hauses sein wöchentliches Bad nahm. Ob der Krug heutzutage immer noch in den Hamam gebracht wird, bleibt ein Küchengeheimnis. Bauchtänzerinnen sorgen für festliche Stimmung an diesem prachtvollen Ort.
14 derb el jdid, hay essalam, http://letanjia-marrakech.blogspot.com, telefon: 0524 383836, geöffnet: täglich 12.00-0.00, preis: 180 dh

⑰ **Kosybar** ist einer der Hotspots von Marrakesch und liegt am Place des Ferblantiers, in der Nähe des El-Badi-Palastes. Das Restaurant hat drei Etagen, jede mit eigenem Flair. Vom Dachgarten aus kann man die schöne Aussicht über die Stadt genießen. Der japanische Küchenchef bereitet verschiedene internationale Gerichte zu.
47 place des ferblantiers, www.kosybar.com, telefon: 0524 380324, geöffnet: täglich 11.00-1.00 (küche geöffnet von 20.00-0.00), preis: ab 120 dh

㉑ Im **Dar Essalam** wird das Essen in einer typisch marokkanischen Atmosphäre genossen. Die runden Tische, die schönen Teppiche und die verzierten Kacheln an den Wänden vermitteln einen guten Eindruck vom Aussehen schicker marokkanischer Wohnungen. In dem Palast aus dem 17. Jahrhundert werden lokale Spezialitäten serviert. Berühmtheiten wie Winston Churchill oder Sean Connery waren auch schon hier.
170 rue riad zitoun el kedim, www.daressalam.com, telefon: 0524 443520, geöffnet: täglich 12.00-14.00 & 19.30-23.00, preis: menü 250 dh

㉒ Was das Essen angeht, haben es Vegetarier in Marokko nicht leicht, da die meisten Gerichte Fleisch enthalten. Das **Earth Café** beansprucht den Titel des ersten vegetarischen Restaurants der Stadt. Hier werden nur Produkte aus einem Bio-Anbaugebiet außerhalb der Stadt verwendet. Für Liebhaber gibt es Kochkurse, bei denen man zusammen mit dem Küchenchef köstliche Salate und Tapas zubereitet.
2 derb zawak, rue riad zitoun el kedim, www.earthcafemarrakech.com, telefon: 0661 289402, geöffnet: täglich 11.00-22.30, preis: ab 60 dh, kochkurse 200 dh

IMBISSSTÄNDE �33

(24) Das **Nid'Cigogne** eignet sich hervorragend für einen Tee oder ein Mittagessen. Die Terrassen liegen auf verschiedenen Ebenen, und mit etwas Glück
sitzt man auf Augenhöhe mit den Störchen, die rundherum in den alten
Mauern nisten. Das Restaurant ist in Händen von Frauen, was bestimmt die
große Auswahl an Salaten auf der Speisekarte erklärt.
*60 place des tombeaux saadiens, telefon: 0524 382092, geöffnet: täglich
9.30-23.00, preis: kanne tee 15 dh, salat 20 dh*

(33) Jeder Marrakesch-Besucher muss einmal an den **Imbissständen** auf
dem Djemaa el Fna gegessen haben. Zum Beispiel eine Schale *harira*, die
reichhaltige Linsensuppe, die während des Ramadans häufig gegessen wird.
Wie ein echter Marokkaner bestellt man *sbekia* (süßen Kuchen) dazu – eine
überraschend leckere Kombination. Die vielen Kellner geben ihr Bestes, um
Gäste zu locken.
djemaa el fna, preis: harira 3 dh

(34) Im **Restaurant Toubkal** gibt es keine modische Designereinrichtung,
sondern Neonröhren und Plastiktische. Trotzdem ist immer viel Betrieb. Wer
gut und billig essen will, ist hier genau richtig. Das Lokal ist bei Einheimischen
und Touristen gleichermaßen beliebt.
*48 djemaa el fna, telefon: 0524 442262, geöffnet: täglich 8.00-23.00, preis:
ab 40 dh*

(35) Nach einem heißen Tag in der Stadt gibt es nichts Besseres als eine
Erfrischung. Bei **Ice Legend** bekommt man köstliches Eis aus hochwertigen
Zutaten. In dem Eiscafé, das es schon seit 1965 gibt, wird Eis ganz traditionell
aus pasteurisierter Milch hergestellt. Das knusprige *cornet maison* ist sehr zu
empfehlen. Da passen so viele Kugeln Eis hinein, wie man möchte.
*52 avenue bab agnaou, www.ice-legend.com, telefon: 0524 444200, geöffnet:
täglich, im winter 10.00-22.00, im sommer 9.00-0.00, preis: cornet maison
mit 2 kugeln 15 dh*

Shoppen

(4) *Tadelakt* ist eine Poliertechnik, mit der Kalkstein "streichelzart" gemacht wird. Ursprünglich wandte man das Verfahren in Hamams und Badezimmern an. Das **Maison Tadelakt** hat sich auf die Anfertigung moderner Objekte spezialisiert. Im Atelier hinter dem Laden kann man dem Polierer zusehen. Eine gute Adresse, um sich mit Geschenken für zu Hause einzudecken.
1 rue kennaria, geöffnet: täglich 9.00-19.00

(5) Die **Passementerie Annajar** verkauft Schmuckstücke – und zwar für Wohnungen und Menschen gleichermaßen. Es gibt orientalische Gardinen-kordeln und -rollen, Armbänder, Gürtel und viele andere Dinge. Annajar hat das größte Angebot der ganzen Medina und günstige Preise obendrein.
125 rue kennaria, riad zitoun el jdid, telefon: 0668 463888 463888, geöffnet: täglich 10.00-20.00

(6) An dem kleinen Geschäft **Warda la Mouche** sollte man nicht einfach vor-beigehen, denn die ausgefallene Kollektion der französischen Designerin ist sehenswert – eine Mischung aus fröhlichen Aufdrucken, bunten Schals, stil-vollen *babouches*, den marokkanischen Pantoffeln, und edlen Herrenhemden. Es gibt sogar eine spezielle Kinderkollektion.
127 rue kennaria, telefon: 0524 389063, geöffnet: täglich 9.30-21.00

(10) Stolz zeigt der **Pantoffelmacher** Mohammed Daoudi die Zeitungsartikel, die über seine Ausstellungen in ganz Europa berichteten. Heute verbringt er seine alten Tage in einer kleinen Werkstatt gegenüber einer wohlduftenden Bäckerei. Bei ihm gibt es *babouches* und schöne Handtaschen aus Leder in höchster Qualität.
20 riad zitoun el jdid, telefon: 0666 591337, geöffnet: täglich 10.00-12.30 & 16.00-19.00

(20) Die **Rue Riad Zitoun El Kedim** ist eine lebendige Straße, die vom Place des Ferblantiers und der Mellah bis zum Djemaa el Fna führt. An ihrem Anfang bekommt man einen guten Eindruck vom Alltag in den Souks. Ein Stück weiter weichen die Lebensmittel- und Eisenwarenläden den Keramik- und Perlen-händlern. Ausgefallenes Mitbringsel: Bilderrahmen aus recycelten Autoreifen.
rue riad zitoun el kedim

㉜ Jeder kennt Lieder, die ihn an einen bestimmten Urlaubsort erinnern. Musikalische Souvenirs aus Marrakesch gibt es auf dem Djemaa el Fna an den **CD-Ständen** mit arabischer oder Berbermusik. Hier erfährt man auch, wer auf der Hitliste ganz oben steht.

djemaa el fna

100% there

(8) Bei **Monsieur Zellige** (eigentlich heißt er Moulay Mustapha El Idrissi) lernt man jahrhundertealtes Handwerk kennen: die Bearbeitung traditioneller Kacheln (*zellige*). In aller Ruhe bemalt er die Fliesen mit kräftigem Blau, Grün und Bordeaux. Wer eine Kachel mit dem eigenen Namen oder der Hausnummer haben möchte, kann sie hier bestellen. Monsieur Zellige fertigt sie an, während man im Geschäft wartet oder zwischendurch zu Mittag isst.
196 riad zitoun el jdid, geöffnet: täglich von sonnenauf- bis sonnenuntergang

(12) Im **Hammam Ziani** wird man mit einem Lächeln empfangen. Dem Besucher selbst vergeht dieses vielleicht kurzzeitig, wenn man mit dem traditionellen *kiss*-Handschuh geschrubbt wird, doch die herrliche Massage mit Arganöl macht alles wieder wett. Zum Schluss will man nur noch eins: wiederkommen. Es gibt getrennte Hamams für Männer und Frauen.
14 riad zitoun el jdid, www.hammamziani.ma, telefon: 0662 715571, geöffnet: täglich 8.00-22.00, eintritt: 50-60 dh, anwendungen 20-350 dh

(14) Der **Jardin des Rosiers**, der an das alte jüdische Viertel grenzt, ist ein schattiger und gemütlicher Ort zum Verweilen. Auf diesem kleinen Marktplatz ruhen sich die Anwohner aus, nachdem sie ihre Einkäufe gemacht haben. Hier kann man Marrakeschs Alltag hautnah erleben.
jardin des rosiers

(25) Müde Beine? Nach einem Tag in der Medina tut etwas Erfrischung gut. Bei **Les Bains de Marrakech** kann man sich verwöhnen lassen. Ein Hamam-Besuch ist in Marokko ein soziales Ereignis, für das man mindestens anderthalb Stunden einplanen sollte.
2 derb sedra, bab agnaou, www.lesbainsdemarrakech.com, telefon: 0524 381428, geöffnet: täglich 9.00-19.30, preis: hamam mit anwendungen 150 dh

(29) Der **Jardin de la Koutoubia** liegt hinter der gleichnamigen Moschee. Der nicht sehr große Garten bietet Ruhe und Schatten an einem heißen Tag. Viele Einwohner treffen sich hier zu einem Schwätzchen oder einem Spaziergang. Auf einer der Bänke kann man den Rhythmus der Stadt auf sich wirken lassen.
avenue houman fetouaki

KUTSCHFAHRT ㉛

㉛ Touristischer geht es kaum, doch eine **Kutschfahrt** macht auch richtig Spaß. Die Stadt von einem solchen Gefährt aus zu betrachten, vor sich ein schwankendes Pferdehinterteil, hat etwas Nostalgisches. Ein schönes Ziel (über die Gärten von Mamounia und Hivernage) ist **Menara**, der berühmte Olivenhain mit einem hübschen Pavillon und Wasserbassin. Kopfbedeckung nicht vergessen, denn man kommt der Sonne während der Fahrt in der offenen Kutsche nichts aus. Am besten fährt man am frühen Abend. *djemaa el fna, preis: tour circa 150 dh (je nach verhandlungsgeschick)*

Südliche Medina

SPAZIERGANG 3 (ca. 5,5 km)

Der Spaziergang beginnt mit einem Saft (1) oder einem Milchkaffee (2) auf dem Djemaa El Fna, danach geht es, links vom Café de France, in die Rue des Banques. An der Kreuzung liegt links das Café Bakchich (3). Rechts ab in die Rue Kennaria zum Shoppen (4) (5) (6). Weiter über die Rue Riad Zitoun El Jedid bis zu einem kleinen Platz. Hier kann man zu Mittag essen (7). Der Rue Riad Zitoun El Jdid folgen, bis sich die Straße rechterhand fast zu einem Platz verbreitert und bei Monsieur Zellige (8) hereinschauen. Geradeaus die Souks verlassen und links ab (durch das Portal) zum Maison Tiskiwin (9). Nach circa 30 m links in die Gasse ein- biegen und an den hängenden Teppichen entlang, rechterhand liegt die Werkstatt des berühmten Pantoffelmachers (10). Zum Musée Dar Si Said (11) geradeaus weiter. Zurück und unter dem Tor hindurch, dann links. Am Hamam (12) vorbei und weiter, bis links an der Straßenecke das Tor des Bahia-Palastes (13) auftaucht. Nach der Besichtigung weiter der Straße folgen, die eine Kurve nach links macht. Rechts liegt der Jardin des Rosiers (14) und geradeaus der Place des Ferblantiers (15) (16) (17). Dahinter befindet sich die Mellah (18), sowie der El-Badi-Palast (19). Wieder in Richtung Place des Ferblantiers und links in die Rue Touareg. Die Straße überqueren und auf der Rue Riad Zitoun El Kedim (20) shoppen oder ein Stück weiter etwas essen (21) (22). Anschließend zurück und auf der Rue Touareg weiter bis zum großen Taxistandplatz. Hier links ab und dem Pfad folgen, der auf den Platz vor der Moschee führt. Die Saadischen Gräber (23) liegen in einer Gasse hinter der Moschee, zu Mittag essen kann man gegenüber (24). Umkehren und in die Straße direkt gegenüber der Moschee einbiegen. In der letzten Straße links vor der Stadtmauer liegt Les Bains de Marrakech (25). Durch das Stadttor gehen und nach links schauen, dort gibt es eine schöne Aussicht (26). Wenn man zurückblickt, sieht man das Stadttor Bab Agnaou (27). Die Straße überqueren und entlang der Palastmauern (Rue Sidi Mimoun) zurück zur Stadt. Geradeaus weiter und links in die Avenue Houmman El Fetouaki (28). Durch die Gärten (29) zur Koutoubia-Moschee (30). Die vielbefahrene Straße zum Place Foucauld überqueren, wo die Kutschen (31) warten. Oder weiter zum Djemaa El Fna (32) (33) (34). Lust auf ein Eis? Dann nach der Banque du Maghreb rechts in die Avenue Bab Agnaou (35).

1. Orangenstände
2. Café de France
3. Café Bakchich
4. Maison Tadelakt
5. Passementerie Annajar
6. Warda la Mouche
7. Un Déjeuner à Marrakech
8. Monsieur Zellige
9. Maison Tiskiwin
10. Pantoffelmacher
11. Musée Dar Si Said
12. Hammam Ziani
13. Bahia-Palast
14. Jardin des Rosiers
15. Le Tanjia
16. Place des Ferblantiers
17. Kosybar
18. Mellah
19. El-Badi-Palast
20. Rue Riad Zitoun El Kedim
21. Dar Essalam
22. Earth Café
23. Saadische Gräber
24. Nid'Cigogne
25. Les Bains de Marrakech
26. Blick auf das Atlasgebirge
27. Bab Agnaou
28. Jardin/Hotel La Mamounia
29. Jardin de la Koutoubia
30. Koutoubia-Moschee
31. Kutschfahrt nach Menara
32. CD-Stände
33. Imbissstände
34. Restaurant Toubkal
35. Ice Legend

Weitere Sehenswürdigkeiten

Wer den in 100% Marrakesch beschriebenen Routen folgt, entdeckt viele Schönheiten der Stadt. Doch auch Orte abseits der Spaziergänge sind durchaus einen Besuch wert. Diese sind nachfolgend beschrieben. Manche dieser Sehenswürdigkeiten sind vom Zentrum aus etwas schwierig zu Fuß erreichbar, mit dem öffentlichen Nahverkehr ist das aber kein Problem. Die entsprechenden Buchstaben finden Sie auf der Übersichtskarte vorne im Buch wieder.

Ⓜ Wer gerne mehr über das Leben in einem Berberdorf und die gute Berberküche erfahren möchte, nimmt an einem Kochkurs in **Ateliers Lalla Fatima** teil. Morgens wird man auf dem Djemaa el Fna zum Einkaufen abgeholt. Nicht erschrecken, wenn man sein eigenes (lebendiges) Huhn aussuchen darf. Auch ein Besuch des Gewürzladens steht auf dem Programm. Danach fährt man mit Lalla zu ihrem Haus mit dem schönen Patio, das in einem Dorf 7 km außerhalb der Stadt liegt. Nach ein paar herrlichen Kochstunden ist man zurück auf dem Djemaa el Fna und um ein Erlebnis reicher.
telefon: 067 9647904, geöffnet: nach voranmeldung (e-mail nezha_cook@ yahoo.com oder telefonisch), preis: kochkurs: 500 dh (all-inclusive)

Ⓝ Maurische Soldaten schlugen im 11. Jahrhundert hier ihr Lager auf und entdeckten unterirdisches Wasser. Sie legten ein Bewässerungssystem für die Palmen an, die ihnen das wichtigste Nahrungsmittel lieferten: Datteln. So entstand der Palmengarten **La Palmeraie**. Das System funktioniert noch heute. Von Juni bis zur Ernte im Oktober hängen orangefarbene Datteln an den Bäumen. Auf dem Rücken eines Dromedars kann man durch den Garten reiten.
circuit de la palmeraie

Ⓞ Das **Ourika-Tal** liegt eine knappe Autostunde von Marrakesch entfernt. Es ist vor allem im Sommer und am Wochenende ein beliebtes Ausflugsziel, wenn man der Hitze und dem Trubel der Stadt entfliehen möchte. Auf dem Fluss Ourika am Ende des Tals kann man ausgezeichnet raften, zu den sieben Wasserfällen Setti Fatma wandern oder am Ufer picknicken, wie es die Einheimischen tun. Splash Morocco organisiert Rafting-Touren.
www.moroccoadventuretours.com, telefon: 0618 964252, preis: raften (halber tag) ab 650 dh p. p.

(P) Die weiß-blauen Häuser in **Essaouira** geben dem beschaulichen Fischerort am Atlantik einen mediterranen Touch. Wegen des Windes ist er bei Surfern sehr beliebt. In den 1960er-Jahren kamen viele Künstler hierher, und noch heute findet man hübsche Galerien. Einmal im Jahr wird das Dorf von Musikliebhabern überschwemmt, wenn im Juni das jährliche Gnawa-Festival stattfindet. Wenn man Zeit hat, lohnt es sich, eine Nacht zu bleiben. Ein Pullover gehört in die Tasche, denn hier ist es frischer als in Marrakesch.
in marrakesch werden tagesausflüge organisiert, www.essaouira.com, man kann auch mit dem bus, dem taxi oder einem mietauto hinfahren

(Q) Skifahren in Marokko? Kein Problem, wenn man nach **Oukaimden** fährt. Nur 60 Kilometer von Marrakesch entfernt liegt der höchste Gipfel des Atlasgebirges, der Toubkal (4000 m). Man kann auf Eseln reiten (Tipp!) oder mit dem Sessellift hinauffahren. Im Winter wird es hier sehr kalt. Wenn genug Schnee liegt (Dezember bis Februar), gibt es einen Skiverleih. Es fährt kein Bus, man sollte daher ein grand taxi chartern. Die Wege sind wegen des Schnees oft in schlechtem Zustand. Es gibt Übernachtungsmöglichkeiten.
preis: sessellift (nov.-apr.) 40 dh, grand taxi (einfache fahrt) ab 200 dh

(R) Wer Lust auf Abenteuer hat, bucht eine **Tour in die Wüste** und überquert per Allrad das Atlasgebirge. Durch das Tal der 1000 Kasbahs erreicht man Merzouga. Dort warten Dromedare, auf denen man zu einer unvergesslichen Nacht unter Sternenhimmel in die Wüste reitet. Geschlafen wird in einem abgelegenen Nomadencamp. Anstatt sich vor Ort zu einer (teuren) Tour verleiten zu lassen, bei der man nur im Bus sitzt, bucht man diesen Abstecher besser vor der Abreise nach Marrakesch. Drei Tage sollte man einkalkulieren, denn die Wüste ist weiter weg, als man denkt.
dades voyages, www.dades-voyages.com, telefon: 0667 065279, preis: ab 210 euro p. p. (3-tages-tour)

Ausgehen

Marrakesch erwacht abends nicht nur auf dem berühmten Djemaa el Fna zum Leben, sondern auch in den vielen Clubs und den anderen Lokalitäten. Die Stadt ist der neue Treffpunkt des internationalen Jetsets, daher ist die Auswahl groß: von schicken Restaurants mit eigenem DJ bis hin zu Livemusik in südamerikanischen Kneipen. Die Musik ist häufig ein Mix aus arabischen und westlichen Einflüssen. Die besten Clubs liegen in Guéliz und Hivernage oder etwas außerhalb der Stadt. Doch man sollte achtgeben, die billigen Discos dienen oft nur der Fleischbeschau. International orientierte Clubs verlangen meist einen (hohen) Eintritt.

(S) Etwas außerhalb des Zentrums von Marrakesch (3,5 km, aber gut mit dem Taxi zu erreichen) liegt der Restaurant-Club **Bô-Zin**. Nach dem Essen kann man sich bei einem Cocktail im herrlichen Garten mit Lounge-Ecken entspannen. Wenn das Essen vorbei ist, wird die Musik aufgedreht und bis in die frühen Morgenstunden getanzt. Hoher Promi-Faktor.
douar lahna, route de l'ourika, www.bo-zin.com, telefon: 0524 388012, geöffnet: täglich ab 20.00, preis: couscous ab 190 dh, bier 80 dh

(T) Im beliebten **Le Comptoir** herrscht ein mystisches Flair. Man kann auf prachtvollen Teppichen speisen oder in dem idyllischen Garten Tapas und Wasserpfeifen genießen. Jeden Abend zeigen Tänzerinnen ihre Kunst, danach verwandelt der DJ das Lokal in einen echten Club. Mittwochs und sonntags gibt es oben in der Bar orientalische Livemusik. Am Wochenende sollte man unbedingt reservieren, denn dies ist einer der populärsten Hotspots der Stadt.
avenue echouhada, www.comptoirmarrakech.com, telefon: 0524 437702, geöffnet: mo-do 20.00-0.00, fr-so 20.00-0.30, preis: menü ab 230 dh

(U) Lust auf einen temperamentvollen Abend? Dann auf zu **African Chic**. In dieser beliebten Bar mit Tanzfläche spielt jeden Abend ein DJ in Kombination mit Livemusik, zum Beispiel Salsa, Merengue, Latino und Samba, aber auch Gnawa und Raï. Die Auftritte beginnen gegen 22.30 Uhr. Vorher kann man etwas essen.
6 rue oum errabia, www.african-chic.com, telefon: 0524 431424, geöffnet: täglich 12.00-2.00

AFRICAN CHIC Ⓤ

Ⓥ Im **Cantobar** erlebt man eine Reise in die Vergangenheit. Die Bar ähnelt einem klassischen Nachtclub irgendwo in Manhattan. Hier wird ein "Dinner Spectacle" mit Karaoke und Musik geboten. In dem kleinen Raum stehen an den Seiten Holztische, an denen man essen und trinken kann. Stars aus vergangenen Zeiten zieren die Wände. Das Restaurant liegt im oberen Stock, unten gibt es Livemusik. Die niedrige Bühne sorgt für eine persönliche Atmosphäre.

38-39 boulevard moulay hassan, www.cantobar-marrakech.com, telefon: 0524 433350, geöffnet: täglich 20.30-23.30, preis: menü ab 250 dh

(w) Das **Pacha** präsentiert sich als "größte Disco Nordafrikas". Am Wochenende ist es hier dementsprechend voll. Das Pacha – vielen schon von Ibiza bekannt – besteht aus einem Club, zwei Restaurants, einem Pool und einem Chill-out-Room. Wöchentlich werden internationale DJs eingeflogen.

ecke avenue mohammed vi & avenue de la france, www.pachamarrakech.com, telefon: 0524 388400, geöffnet: täglich 22.00 bis spät, eintritt: mo-mi frei, do 100 dh, fr-so 150 dh

(x) **Le Maj Club** hat jeden Abend ein anderes Thema: dienstags VIP, mittwochs Disco Funky, donnerstags Queens & Ladies (kostenlose Getränke für die Damen), freitags Hot & Spicy und samstags Maj'or Party. Für Studenten gibt es 20 % Rabatt auf alle Getränke gegen Vorlage ihres Studentenausweises. Die Disco befindet sich im Hotel Les Jardins de l'Agdal.

avenue mohammed vi, route de l'ourika (bei kilometer 4), www.jardinsdelagdal. com, telefon: 0641 764364, geöffnet: mo-sa 22.00-4.00, eintritt: frei, drink 90 dh

(y) Auf der hypermodernen Terrasse des Sofitel Hotels kann man sich in der **So Nice Bar** beim Plätschern der Springbrunnen entspannen. Es gibt sogar eine Bar mitten im Wasser, und auch die shisha (Wasserpfeife) steht bereit. Die Loungebar liegt im ruhigen Viertel Hivernage, ganz in der Nähe der Medina. Im Sommer ist es hier angenehm kühl.

rue harroun errachid (hotel sofitel), hivernage, telefon: 0524 425600, geöffnet: täglich 19.30-4.00, eintritt: frei

(z) **La Plage Rouge** liegt zehn Kilometer außerhalb von Marrakesch, doch es gibt einen kostenlosen Shuttlebus vom Djemaa el Fna aus. Dort angekommen, sucht man sich ein Plätzchen auf den Loungeliegen am hellblau schimmernden Pool. An der Bar werden Cocktails serviert und es gibt unter anderem gegrillten Fisch. Ein DJ sorgt für angenehme Musik. Wer sich die Beine vertreten will, bummelt durch ein paar kleine Geschäfte. Man kann den kostenlosen Shuttlebus anrufen, um sich morgens zu La Plage Rouge bringen zu lassen. Abfahrt ist um 10.30, 12 und 13.30 Uhr. Um 17 Uhr geht es wieder zurück.

route de l'ourika (bei kilometer 10), www.laplagerougemarrakech.com, telefon: 0524 378086, geöffnet: täglich 11.00-20.00, eintritt: inkl. liege 250 dh, abfahrt shuttlebus vor dem hotel-café islane, koutoubia-moschee, djemaa el fna (telefonische reservierung erforderlich)

CANTOBAR Ⓥ

Alphabetischer Index

Thematischer Index

Meine 100% Geheimtipps
(Notizen und Ideen)

....

....

....

....

....

....

....

....

....

....

....

....

....

....

....

....

Folge uns auf [f] [t] [p] und teile Deine eigenen 100% Tipps!

Mehr zu 100% unter: **www.100travel.de**

Impressum

Dieser 100% Cityguide wurde mit größter Sorgfalt zusammengestellt. mo media GmbH ist nicht verantwortlich für eventuelle inhaltliche Fehler. Anmerkungen und/oder Kommentare können an **mo media GmbH, Steinstraße 15, 10119 Berlin** oder **info@momedia.com** gerichtet werden.

autoren
astrid emmers (überarbeitung), rixt albertsma

fotografie
duncan de fey, hans zeegers

übersetzung
alexandra schmiedebach (für bookwerk), aktualisierung heike baryga

lektorat/redaktion
tom seidel/ulrike grafberger (für bookwerk)

schlussredaktion
annette steger, mo media

konzeptgestaltung
studio 100%

gestaltung & lithografie
mastercolors mediafactory, hilden design, münchen

kartografie
van oort redactie en kartografie

100% Marrakesch
isbn 978-3-943502-74-9

© mo media gmbh, berlin
aktualisierte neuausgabe
september 2014

100% CITYGUIDES